法隆寺学のススメ

―知られざる一四〇〇年の軌跡―

高田良信 著

はじめに

大和盆地の北西、矢田丘陵の麓に堂塔の甍《いらか》が居並ぶ一つの小さな村落がある。それが斑鳩《いかるが》の里である。そこには、かつて飛鳥時代のヒーロー聖徳太子が住んでいた宮殿が立ち並び、人びとはそれを「斑鳩の宮」と呼んだ。

その近くに仏教の興隆を祈って一つの寺院が建てられた。それが法隆寺である。太子は日本ではじめて仏教を理解し、多くの優れた大陸の文化を積極的に取り入れた。まさに日本の仏教や文化は、太子によってその基礎が築かれたのである。太子が皇太子として数々の政策を実行に移したのは、七世紀のはじめのころである。とくに小野妹子を隋へ派遣して先進国との交流を深め、大陸文化への積極的な姿勢を示した。その時期に太子が建てた法隆寺はまさに日本の夜明けの象徴的寺院でもあった。

ところが、太子と法隆寺には連続して不運が襲った。推古三〇年（六二二）二月二二日に太子が亡くなり、皇極二年（六四三）に太子の一族が滅亡する悲劇が起こった。そして天智九年（六七〇）には法隆寺が「一屋も余さず焼失した」と『日本書紀』（以下『書紀』と略記）は伝える。

現在の法隆寺は、天智九年以後に再建したとする見解が有力となっている。しかし不思議なことに、法隆寺の焼失を記しながら再建したとする記録はない。いつ、だれが、その再建をはじめたのであろうか。法隆寺には多くの謎とロマンが充ち満ちているのである。

近代になってその法隆寺の名が世に知られるようになった第一は、その古さである。金堂、五重塔などに飛鳥時代の様式を伝える堂塔が、世界最古の木造建築であることによる。

これまで、その法隆寺の建築年代をめぐって激しい論争がくりかえされた。それは明治二〇年代からである。論争自体は、法隆寺がいずれ受けなければならない近代科学の洗礼であり、古寺の研究は、論争という形をとって大いに進んだ。しかし、近代史学によって明らかにされた法隆寺再建の年代を、最も遅い七〇〇年前後とみても、堂塔が世界最古の木造建築であることに変わりはない。飛鳥時代の様式を濃厚に受け継いでいる寺院であることは不動である。

一三〇〇年余り大和《やまと》の一角に建ちつづけ、古代寺院の原初的な様式を伝える唯一の寺院である。多くの失火や兵火によって古い堂塔を失った大和の古寺のなかで、どうして法隆寺だけが飛鳥時代の姿を守りつづけることができたのだろうか。そこには、この寺の立地条件や、各時代の権力闘争に巻きこまれなかったなどの理由がある。その勢力が大きくもなく、小さくもなかったことが幸いしたのかもしれない。しかしいかに堅牢《けんろう》な造りであっても、木造建築を長期間にわたって放置をしておけば崩壊してしまったはずである。法隆寺が現在まで伝えられた背後には、たびかさなる修理をはじめとして、寺院を守ってきた人びとの、不断の努力と献身があった。しかもその修理には莫大《ばくだい》な資金を要した。

法隆寺は、各時代を通じ、必ずしも庇護者に恵まれた寺院ではなかった。しかし、建物を保存するとともに太子にゆかり深い寺宝を守り伝えようとする姿勢が、法隆寺にはつらぬかれていた。寺院を守るのは寺僧の努めである。その使命を果たそうとする寺僧たちの労苦は計り知れない。

そうした寺僧たちの心を支えたものは、いうまでもなく信仰であった。しかし、その信仰を考えるとき、法隆寺にははじめから、人びとが心を寄せることのできた、不動のものが存在した。それが太子への熱烈なる信仰である。その太子信仰こそ一三〇〇年以上にわたって法隆寺を守ってきた源泉であった。そしてその法隆寺は古代の記憶を担いつつ現在まで生きつづけているのである。

その法隆寺の研究は、どの方向から近づいても人びとを遠く飛鳥の時代へと誘ってくれる。そして太子の姿が浮びあがってくる。それが法隆寺の特徴であり、最大の魅力となっている。私はその法隆寺の歩みの研究を深めることを法隆寺学と位置づけている

とくに本書では一般的に知られることが少ない法隆寺の秘話などを収集することによって、法隆寺が歩んだ一四〇〇年の移り変わりとその裏側に秘める実話に少しずつ近づくこととしたい。そして法隆寺学が前進することを期待する日々でもある。

法隆寺学のススメ—知られざる一四〇〇年の軌跡—

目次

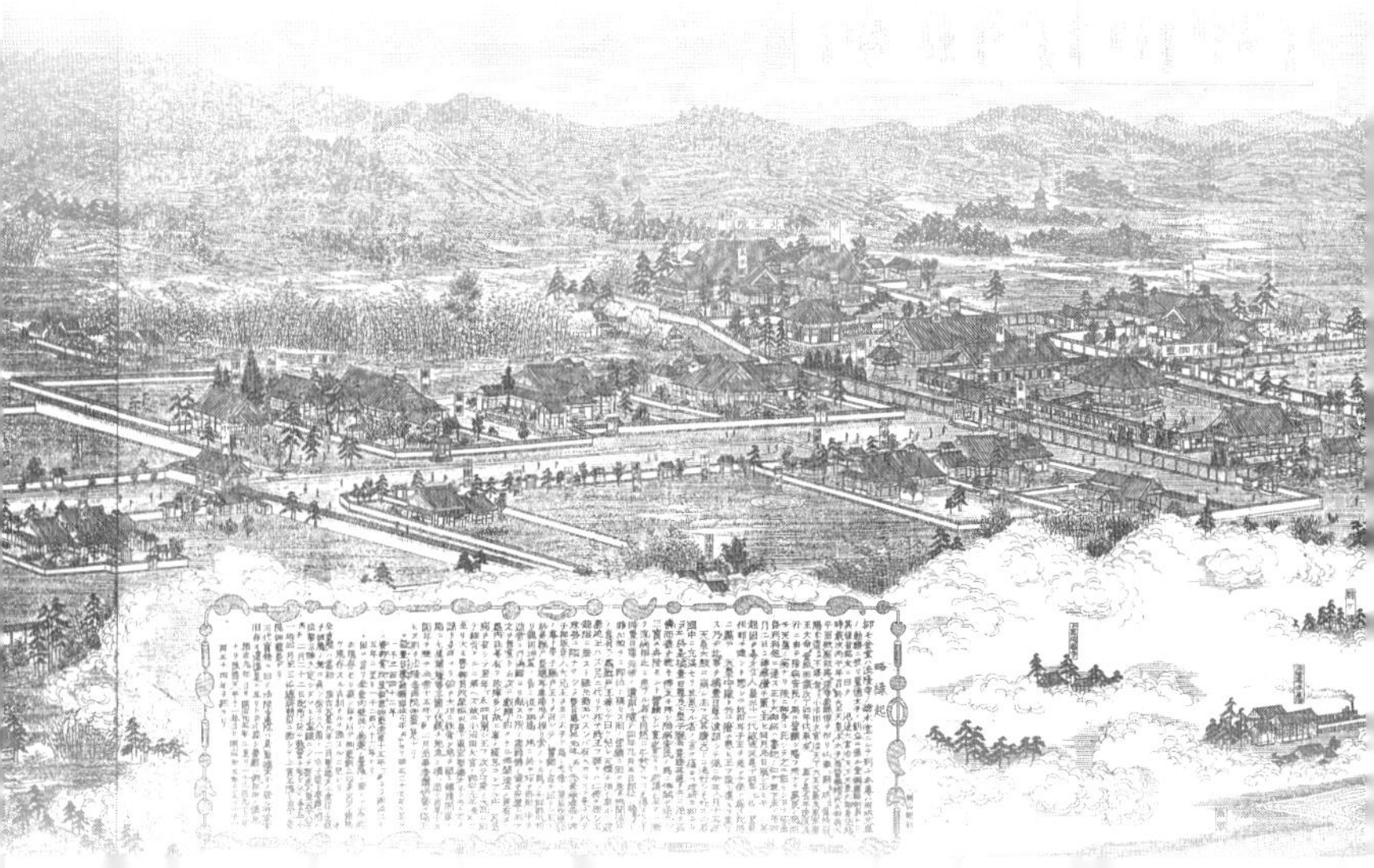

SINKEIGARAN
HOURIUZI
YAMATONOKENI
ZIYAPAN

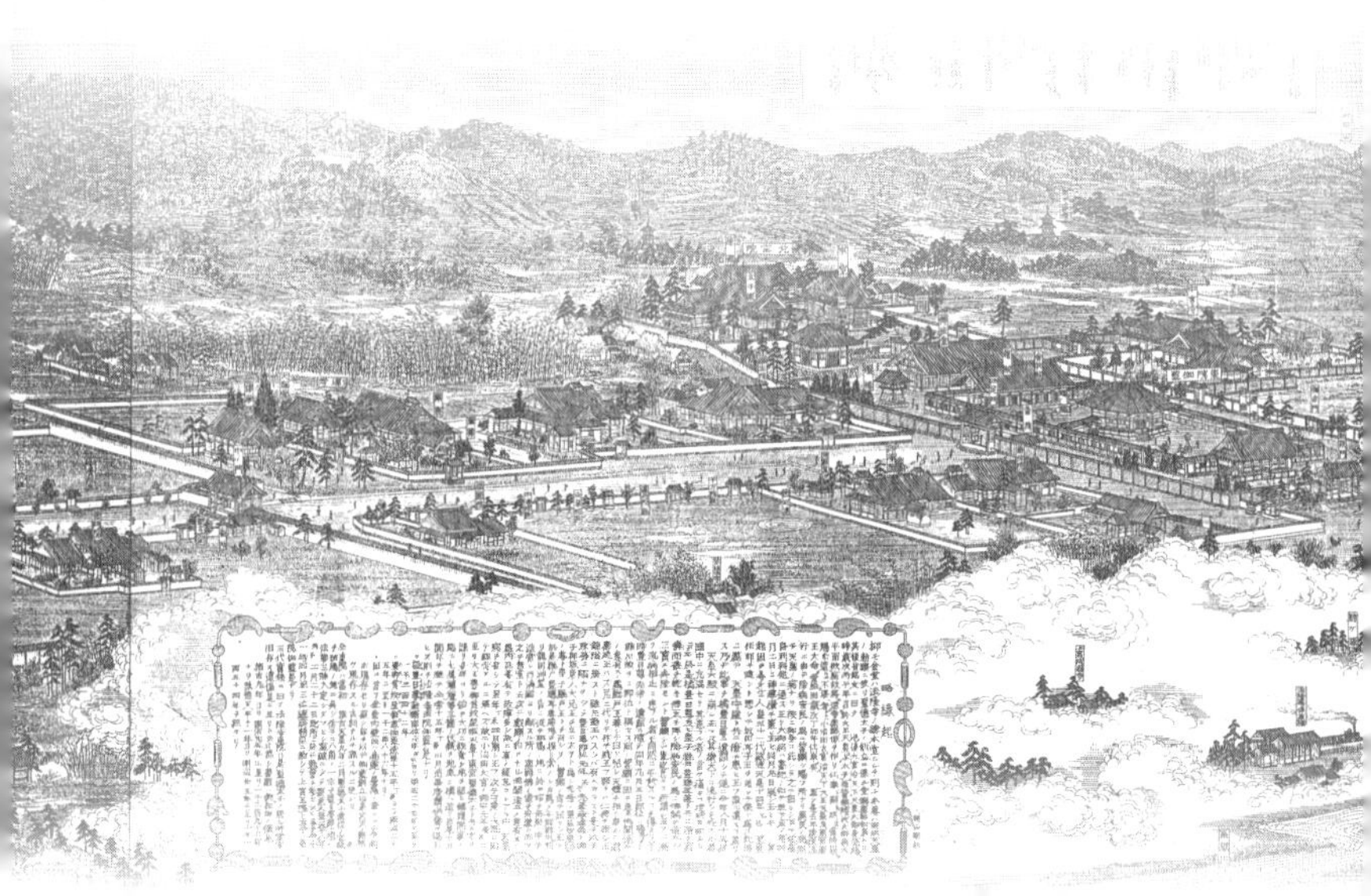

SINKEI GARAN
HOURIUZI
YAMATONOKENI
ZIYAPAN

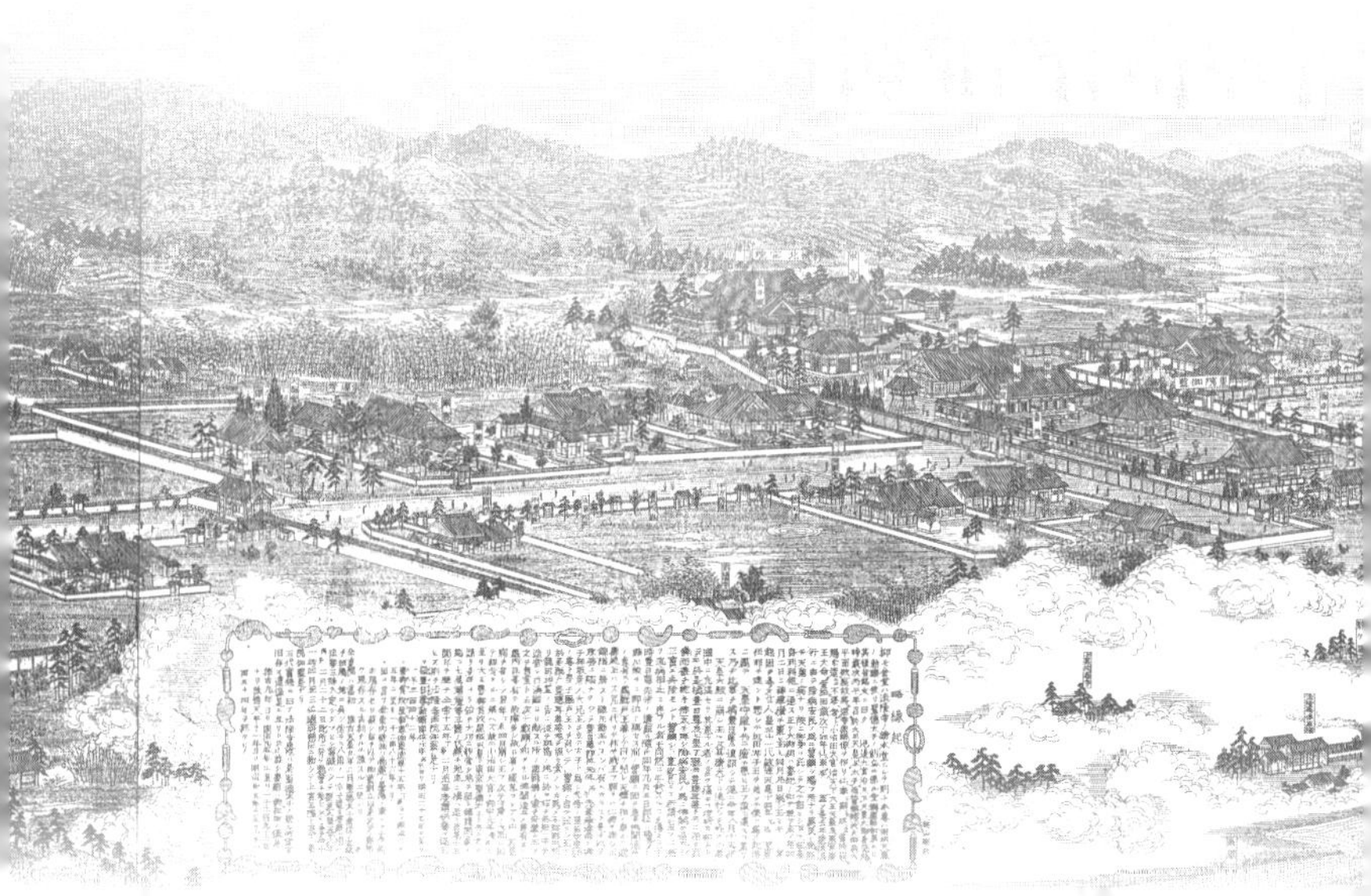

目次

第一章　斑鳩の光と影

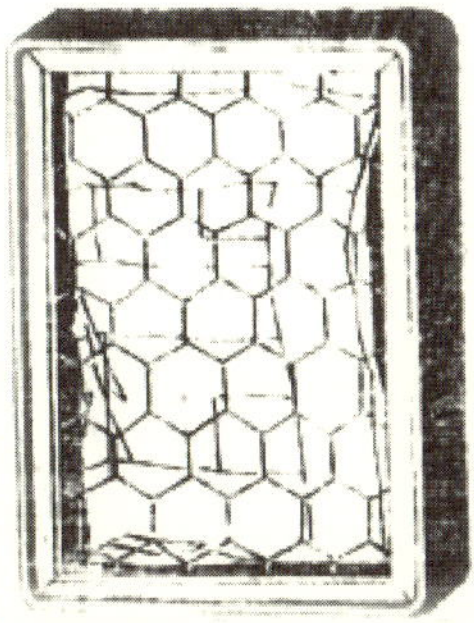

七種宝物　釋迦御袈裟（『御宝物圖繪』）

斑鳩とは

わが国を代表する古代遺跡の宝庫である飛鳥に対して、法隆寺の周辺を斑鳩《いかるが》と呼ぶ。太子がその斑鳩に宮殿をつくっている。飛鳥や斑鳩という、不思議な響きをもつ名称には、私たちを惹《ひ》きつけてやまない魅力がある。

とくに斑鳩の名称については『和名類聚抄《わみょうるいじゅしょう》』（九三五年・源順撰）には大和国平群《へぐり》郡にある郷名として那《な》珂《か》・平群・夜麻《やま》・坂門《さかと》・額田《ぬかた》・飽波《あくなみ》（浪）の郷名が見られるが、その中には斑鳩という郷名はない。

『古今一陽集』（一八三六年・寺僧の良訓と信秀の撰）には斑鳩について、つぎのような興味深い古老の伝説を紹介している。

「鵤《いかるが》（斑鳩）と呼ぶのは、そこにあった大槻の老樹に斑鳩という鳥が群遊していたことに由来する。その老樹は福井邑（斑鳩宮と若草伽藍の中間・法隆寺東大門の東南地域）と呼ぶ地域の西辺に茂っていたが、その由緒を知らない農夫が伐採をしてしまった。その由緒が消えるのを憂いた人びとによって舊趾《きゅうし》に叢祠《ほこら》を建てて、それを福石辨財天と呼んだ」（要旨）

それによると斑鳩とは鳥の名称であり、その鳥が群集していた大槻（ケヤキの古名）が福井邑にあったことになる。

かつて大槻があったと見られる場所には、明治初年まで福石弁財天が祀られていた。その老樹が茂っていた場所は若草伽藍や斑鳩宮に隣接しており、斑鳩の地名の発祥地にふさわしい位置にある。平成九年（一九九七）の夏にその故事を後世に伝えるために、私はその近くの境内に槻を植樹し、「斑鳩之地名発祥地」の石碑を建てて顕彰をしている。

現在の斑鳩町という地名は昭和二二年（一九四七）二月一一日に法隆寺周辺の竜田町、法隆寺村、富郷村の三ヶ町村が合併したときにはじまる。

そのときに一つの行政単位として斑鳩町が誕生して現在の領域が確定した。しかし、その領域は古くからの斑鳩（鵤）と呼ぶものではない。かつて太子に関係する宮殿や寺院・神社などが存在していた地域のほとんどが「平群の郡《こおり》」であり、これが明治維新を迎えると平群郡と呼ばれた。現在のように生駒郡になるのは明治三〇年からである。

そのことから、太子と法隆寺に関する歴史を考える場合には平群郡を含む広い地域について研究をしなければならない。

太子が龍田老神の指南によって法隆寺を建立したとする伝説にゆかりのある龍田本宮《たつたほんぐう》は三郷町《さんごうちょう》にあり、昭和五八年には平群町の西宮からは直径四〇～四二センチの掘立柱が並ぶ大型建物の遺構が発見された。上宮王家に関連する遺構ではないか、として注目された西宮遺跡《にしのみやいせき》である。

さらに王寺町の達磨寺《だるまでら》や香芝市の旗尾池《はたおいけ》や分川池《ぶんがわいけ》、大和郡山市には額安寺《がくあんじ》や物部守屋を射止めたと伝える舎人の迹見赤檮《とみのいちい》の伝承地があることも広義の太子の文化圏として注目に価する。

その意味からも太子時代の斑鳩の里とは、特定の地域を示す地名ではなく、斑鳩宮・岡本宮《おかもとのみや》・飽波《あくなみ》蘆垣宮《あしがきみや》・中宮《なかのみや》などを含む広範囲の地域、つまり現在の安堵町・斑鳩町・三郷町・平群町・王寺町・広陵町・大和郡山市の一部を含む地域を意味する太子の文化圏を指すもの、と私は考えたい。

太子が訪れたころの斑鳩

太子が斑鳩の地に宮殿の造営をはじめたのは、推古九年（六〇一）であったと『書紀』は記している。しかし、宮殿の造営場所を急に決めたとは思われない。まず交通などの地理的な条件・その地域を取り巻く豪族たちの勢力分布・飛鳥の都や難波との距離関係などを充分に検討したにちがいない。占星術や亀甲による占いが行われた可能性もある。おそらく太子は多くのブレーンたちといろいろと検討を行い、充分な期間を置いてから宮殿の造営場所や規模などを最終決定したはずである。そのことから、太子が斑鳩の地に注目したのは推古九年よりは遥か以前のことであったと見なければならない。

『聖徳太子伝私記』（一二三八年ごろ・寺僧顕真撰、以下『太子伝私記』と省略）には、太子が平群を訪れたときの興味深い伝承を記している。

「推古元年（五九三年・崇峻元年（五八七）説もある）に、太子が平群の郡を訪れて堂塔を建立する場所を探索していた。そのとき一人の老人（龍田山の翁）が現れて斑鳩郷が寺院を建てるのに最勝の地であると指南したとする」（要旨）

これはあくまでも一つの伝説に過ぎないが、太子がすでに六世紀末から寺院を建立するために平群の地を見聞していたとする記述は注目に価する。

最近の考古学的研究によると、創建法隆寺（若草伽藍）には飛鳥寺と同笵の瓦が使われていたことが明らかとなった。それによって飛鳥寺が完成した推古四年（五九六）に近い時期から造営事業がはじまった可能性があるとする説が浮上しつつある。

推古一五年（六〇七）に法隆寺を創建（完成）したとする金堂薬師如来像光背の銘文は、後代の復古作との見方が有力で、史料としての信憑性に欠けるとする見解もあった。しかし最近では創建年代について考古学的立場から推古一五年説が支持されつつある。これは法隆寺研究に対しての新知見であり、宮殿の造営とほぼ平行して寺院の建立にとりかかった可能性は高い。この研究の成果と、太子が斑鳩の地を訪れて寺院建立の勝地を探し求めたとする伝承とが一致することに興味がそそられる。

その見解に立って太子と斑鳩の関係を考えれば、崇峻五年（五九二）に崇峻天皇が暗殺され、その翌年に太子が皇太子に就任したころから斑鳩との関係が生まれた可能性が高まる。おそらく太子は崇峻天皇の暗殺という大事件を目の当たりにして、日本の国家基盤の確立を図りつつ、抵抗勢力から離れた新天地として斑鳩地域に着目をしたのかもしれない。

やがて太子は決断した。

『鵤三宝起源』（一八六一年・下巻・寺僧定朝撰）に興味深い伝承がある。

「太子は法隆寺を建立するための土地を求めて訪れた飽波の村に仮の宮を造り、此宮の四方を葦垣を以て造ったので蘆垣宮と呼んだ。そこが太子薨去の地である。今は神屋村と云う」（要旨）

この飽波蘆垣宮の名は平群の飽波郷に造営された葦で囲った宮という意味であり、私は太子が平群の郡に最初に造営をした宮殿ではないかと考えている。おそらくこの宮殿に仮住まいをされた太子は、その周辺が理想郷の建設に相応しい土地であるかどうかを検討したはずである。そして仏教を興隆するために法隆寺の造営にも着手し、それに続いて本格的な斑鳩宮の正殿を現在の法隆寺東院の地に造営したのではなかったか。その後、推古一三年（六〇五）の一〇月に斑鳩宮が完成し、太子の率いる上宮王家の一族は太子の都ともいうべき斑鳩の地へ遷り住むこととなった。それによって宮殿の増築と平行して法隆寺の建立に拍車がかかった可能性が高い。おそらく異国の僧や仏師、寺工、画工、瓦師、鋳物師など多くの技術者たちも宮殿の近くに移り住んだことであろう。そして太子は、この地域に仏教文化の華が咲く理想の国作りが実現する夢を見る日々を送っていたにちがいない。

古墳よ語れ

斑鳩は今も、古代への深い想像力をかきたてる。そこには法隆寺を中心に、中宮寺《ちゅうぐうじ》、法輪寺《ほうりんじ》、法起寺《ほうきじ》と、飛鳥の昔につながる古寺が甍《いらか》を並べ、太子が、大きな理想を抱いて生きた遥かな日々へと、私たちを誘う。

しかし、斑鳩の魅力はもっと古い。太子もそれに引き寄せられたのである。その魅力がどのようなものであったかがおぼろげながら見えはじめつつある。

斑鳩にも古墳が多い。現在確認されているものだけでも、四、五世紀ごろ築造の斑鳩大塚古墳、瓦塚《かわらづか》一号墳、それ以降の仏塚《ほとけづか》、駒塚《こまづか》、藤ノ木古墳、三井《みい》古墳群、梵天山《ぼんてんやま》古墳、竜田御坊山《たつたごぼうやま》古墳群など、約六〇基の古墳がある。そして古墳時代の遺物が発見されている場所は数十か所に及ぶ。法隆寺を建てるときに造成した土地にも、古墳があったことは、境内の発掘調査のときに、しばしば埴輪の破片が出土することでもわかる。法隆寺の寺域を造成するときに破壊したものらしい。

　これだけの古墳が造られた斑鳩という土地は、太子が訪れる以前から、高い文化をもつ人びとが住んでいたということになる。その人びとは、大和朝廷が成立していく過程で、大きな役割を果たしていたのかもしれない。

　とくに、太子の斑鳩移住と関連して注目されるのが、藤ノ木古墳である。この古墳を、崇峻《すしゅん》五年（五九二）に蘇我馬子によって暗殺された崇峻天皇の陵墓とする伝承が遺る。藤ノ木古墳は、天皇陵を意味するミササキという呼び名で守られてきたこと、近世には崇峻陵であるという伝承が存在したこと、発掘調査で、天皇の副葬品を思わせるような立派な馬具などが未盗掘のまま出土したことなどから、崇峻天皇陵である可能性もある。古墳が造られたのも、五七〇年代から五九〇年代ごろといわれており、崇峻陵とする年代ともほぼ一致をする。

　ちなみに、崇峻天皇は蘇我氏に擁立された天皇であったが、蘇我馬子の権力をにくみ、抵抗の気配を示したために、馬子は東漢直駒《やまとのあやのあたいこま》に命じて天皇を暗殺させた。天皇の遺体は、殯《もがり》の営みもなしに、その日のうちに倉梯岡《くらはしのおか》陵に葬られたのである。

　その天皇の遺体が、ひそかに斑鳩に移された可能性もある。すでに斑鳩に築かれていた天皇家の陵墓に崇峻天皇を埋葬したのではないかという推測もできる。

　いずれにしても、叔父にあたる崇峻天皇の暗殺は、太子にとって悲痛な事件であったにちがいない。このような悲劇を目の当たりにして、太子は天皇中心の国作りの必要を、痛切に感じたのではないだろうか。

もし藤ノ木古墳が崇峻陵だとすれば、天皇家と豪族の関係を象徴する、悲劇の記憶もなまなましい土地であったことになる。そうした斑鳩の地へ、太子はあえて赴いたのではないか。政治的にも実力をそなえた太子は、ある決意を抱いて斑鳩へ移ったことにもなる。ここは太子にとって内政を執行しながら積極的に外交政策を進めるための格好の足場であり、古くから文化の根づいた地でもあった。

斑鳩へ移った太子は、用明天皇や崇峻天皇をはじめとする歴代の天皇の菩提《ぼだい》を弔うことも、法隆寺を建立した理由の一つではないか、というのが私の考えである。

太子が斑鳩を訪れたときに新しい円墳があった。必ず太子の眼に映ったはずである。それが藤ノ木古墳である。太子が斑鳩を訪れた時代には、少なくとも被葬者がはっきりとわかっていたはずである。伝承も残っていたであろうし、円墳の築造に携わった人びとやその子孫が生存していた可能性は高い。

その根拠は、推古九年（六〇一）に太子による斑鳩宮の造営が『書紀』に記録されていることによる。しかも、藤ノ木古墳が築造されてから二〇〜三〇年後（もっと近いかもしれない）のことであり、当然のことながら古墳の造営に携わった人びとも健在な時期であり、この古墳に誰を葬っているのか、という伝承も明らかな時代であったはずである。

それらのことを総合的に考えれば、「太子は藤ノ木古墳の被葬者を知っていた」ということも許されそうな状況にある。

現在では、この古墳の築造年代が六世紀後半から末期へと移りつつあり、ますます斑鳩宮造営年代に近づきつつあるというのが実情である。それを踏まえて「太子は藤ノ木古墳の被葬者を知っていた」ということから、さらに「太子は藤ノ木古墳の被葬者を意識して斑鳩宮や法隆寺を造営した」という推論までが許されそうな局面をむかえつつある。

最近では、その候補者として崇峻天皇やその兄の穴穂部皇子、宅部皇子などの名前が浮上している。もし、そのような太子の近親者が藤ノ木古墳の被葬者であったとすれば、太子が斑鳩に宮殿を構えて、それらの人びとを供養する陵寺の意味を込めて法隆寺を建立した可能性も出て来る。

太子の夢

推古二年（五九四）に推古天皇が発布された「仏教を興隆する詔」の背景には、太子の積極的な進言があったはずである。

その詔によって人びとは、それぞれの天皇や祖先の恩に報いるために、競って仏像を安置する仏舎《ほとけのやかた》を造っている。このときから「寺《てら》」と呼ぶようになった。おそらく小さい仏像を納める厨子も造られたのであろう。それが今も多くの家庭にある仏壇のはじまりとする。

この詔によって急速に仏教が広まった。それを積極的に推進した太子は、そのころの日本人の中で最も国際的な広い視野に立って物事を観察することが出来る人物でもあった。隋や朝鮮半島の高句《こうく》麗《り》・百済などの国々の制度や文化を積極的に導入する必要を痛感していたのであろう。その前提として、まず取り組んだのは先進の外来文化や仏教の教えなどを積極的に取り入れて、国家の基盤を築くことであった。

その時期に仏教の指導者として高句麗僧の恵慈《えじ》と百済僧の恵聡《えそう》が来日している。その二人は太子の仏教の師となり、いずれも日本仏教界の中心的な人物となった。その翌年の推古四年（五九六）に、太子は恵慈と葛城臣などのブレーンをともなって伊予の道後温泉を逍遥している。これは太子が自分の領地を検分する旅であったとする意見もあるが、太子にとってこれからの日本の国を、どのように導くべきか、を思考をする旅であったと私は考えたい。そのために政策のブレーンであり、国際的知識の豊富な恵慈たちが同行していたのではなかったか。そのとき太子は温泉の薬効を讃えるのに託して、太陽や月のようにすべての人びとに対する公平な政治の実現を願い、天皇を中心とする優れた国家を造るための施政方針を語っている。

その要旨はつぎのようなものである。

「（私はこの温泉の湯を見て感じた）太陽や月の光は平等に人びとを照らして個人の意志に左右されることはない。この神の井戸（温泉が湧き出ているところ）から湧き出ている湯も公平に人びとに恩恵を与えている。これと同じように、すべての人びとが平等に幸せになるような政治が行われることを人びとも待ち望んでいることだろう。偏《かたよ》ることなく、平等な政治が実現をしたならば、それこそが理想の国（天寿国）そのものである」

その文面からも、すべての人びとの幸せを願われた太子の慈しみの心を感じる。太陽や月の光と同じように、この温泉の効能も平等に人びとに与えており、そこにはまったく、だれ彼という私的な区分はないと語っている。

もしも、この現世において、そのような平等性が守られたならば、それこそがまさに理想の国（天寿国）であり、是非ともそのような国作りをしたいと太子は考えたのであろう。これは、「すべての人間の尊厳性・すべての人間の平等性」の提唱であるとともに、基本的人権の尊重を唱えた民主主義の芽生えでもあった。そして太子はその思想が定着して機能することを願われた。それは社会正義の豊かさを共有することにあった。しかし実現にはいろいろと難しい問題が生じたはずである。為政者の目線による平等と庶民が思う平等には大きな隔たりがあったのでなかったか。いつの時代にあっても為政者たちの中には人びとの幸せの実現を目指そうとした人もあった。しかしなかなかそれが実現しなかったのである。古今東西において、太子ほど慈悲の心を抱きつつ人びとの幸せを願われた人物はいなかった。それを太子の近くで実感をしていたのが恵慈であろう。

この碑文では太子のことを「我が法王大王《のりのきみのおおきみ》」と尊称している。これは太子が仏教の奥義を究められ、仏法の興隆を積極的に実践されていたことを讃えたことを意味する。太子こそ日本における最初の真の仏法求道者であったことを表現したのである。おそらくこの称号を恵慈が太子に与えたのではないだろうか。またこの碑文には「法興」という私年号が登場する。太子が道後温泉を訪れた年が推古四年（五九六）で、法興寺の造営に着手をしてから六年目であることから法興六年と記したのである。道後温泉の旅から都に帰った太子は多くのブレーンたちの意見を積極的に取り入れながら国家として必要な諸制度を立案し、それを施行することに専念した。それからの太子の政治姿勢は、まさに内政の一大改革の断行であり、それには抵抗勢力からの激しい妨害もあったにちがいない。しかし太子はそれに怯むことなく前進をしたのである。

法隆学問寺と異国の人びと

法隆寺に関わりをもつ太子と同時代の人物には、異国の僧の名前が挙げられている。その一人が、太子の師といわれる恵慈であり、推古三年（五九五）に高句麗《こうくり》から来朝し、法興寺（飛鳥寺）に住んでいた。中国の嘉祥《かしょう》大師吉蔵《きちぞう》の門下で三論宗を研鑽した僧である。太子が法華、勝鬘《しょうまん》、維摩《ゆいま》の三経を講じたり、その註訳書である『三経義疏《さんぎょうぎしょ》』を著したのも、恵慈の影響であった。恵慈は推古二三年（六一五）に故国へ帰り、七年後、太子が亡くなったことを故国で伝え聞いた。そのとき大いに悲嘆して、ともに浄土に会せんことを誓い、翌年の太子の命日に入寂《にゅうじゃく》をしたと伝える

ほぼ同時代の異国僧としては、推古一〇年（六〇二）に百済《くだら》から来朝した観勒《かんろく》、推古一八年（六一〇）に高句麗より来朝した曇徴《どんちょう》、曇徴とともに来朝した法定《ほうじょう》などがある。

『書紀』によれば、推古三二年（六二四）、一人の僧が祖父を斧《おの》で打つという事件が起こった。それを聞いた推古天皇が、僧侶や尼僧の生活を管理するために検校《けんぎょう》職を設けて観勒を僧正、鞍作徳積《くらつくりのとくしゃく》を僧都に任命している。

検校職に任命された観勒は、百済から暦、天文地理、遁甲方術《とんこうほうじゅつ》（妖術、忍術のようなもの）などを日本にもたらした僧としても知られている。曇徴は彩色技術や紙墨《しぼく》をわが国に伝えたといわれており、後世になると法隆寺金堂の壁画は曇徴によって描かれたという伝承も生まれた。

太子が亡くなったのちにも、呉《ご》国の福亮《ふくりょう》、福亮の子の智蔵《ちぞう》、百済の徳聡《とくそう》なども渡来して、法隆寺に住んでいる。

この時代の国際交流というものは私たちが想像する以上に進んだものであり、わが国が急速に海外文化を吸収していたことがうかがえる

太子の従者として仕えた調子麿は太子関係の絵伝や画像に、太子の乗った黒駒《くろこま》の手綱《たづな》をひいた姿で登場する。法隆寺には、西院《さいいん》の東側の一角に馬屋《うまや》と呼ぶ小さなお堂があり、この中に太子が乗った黒駒とその手綱をひく調子麿の像がある。調子麿は太子が一三歳のときに、百済から来日したといわれる。そのとき調子麿は一八歳だったというから、太子よりも五歳ほど年上となる。その調子麿は、百済の大臣の息子であったと伝える。

法隆寺には『法隆寺寺司《じし》辻家系譜書』という文書がある。辻家が調子麿の家系で、法隆寺の東北に辻本という小字名が残っている。かつて辻家のあった跡と伝える。鎌倉時代の『太子伝私記』には、調子麿の家は斑鳩宮の西北にあり、現在の辻という小字名の場所ともほぼ一致する。

調子麿は太子が亡くなったあとも法隆寺にとどまり、法隆寺の仕事にたずさわったという。その調子麿には三人の息子がおり、調子麿は八七歳まで長生きしており、その子孫は法隆寺を守護する法頭《ほうず》

という役を務めた。

平安時代の長徳年間（九九五〜九九九）に、調子麿の子孫で康仁《こうにん》という僧がいた。その子孫が法隆寺の専当（寺務を担当する僧）として、鎌倉時代まで続いたといわれる。鎌倉時代に、法隆寺の復興に努力した顕真《けんしん》は、みずから調子麿の二八代目の末裔であると名乗っている（顕真については、のちにふれる）。

私はこの調子麿が、法隆寺再建に大きな役割をになったのではないかと考えている。それを裏づける史料はないが、太子の没後、太子一族も滅び、太子を知る人物として、唯一生き残ったのが調子麿であったからである（なお、調子麿は架空の人物とする説もあることを付記する）。

太子の仏教

太子は幼少のころから優れた教えと文化を携えて請来した仏教に大いなる関心をもっていたことは、すでに紹介した。

推古三年（五九五）五月一四日に来日した高句麗僧の恵慈の影響によって、一層仏教に深い関心を抱いた。

「仏の教えを高句麗の恵慈に習い、儒教の経典などを博士の覚哿について学び、それをことごとく理解されていた」（要旨）

太子は恵慈や恵聡、観勒から仏教の奥義や天文、地理、暦などの学問や文化を学んでいた。

太子の仏教に対する理解度は『上宮聖徳法王帝説』（以下、『帝説』と略記）に詳しく記している。太子は涅槃とは不生不滅の境地であり、あらゆる人びとが仏となる能力（素質）をもつことを理解されていた。そして法華経の譬喩品に説かれている「三車の喩え」（火事で燃えさかる家の中で知らずに遊んでいる子供たちを外へ呼び出そうとして、子供たちを導くために羊、鹿、牛の車があると呼びかけて外へ救い出した後、最後に大きな白い牛の車に乗せて連れ去るという悟りへと導く手段を喩えたもの）と「権実二智」（仏が人びとを教化するための方便の智慧と真実の智慧がある）の教えや、在家信者の維摩居士が仏弟子たちを啓発した大乗経典に説かれている深遠なる教えをよく理解していた（維摩経）。また小乗仏教の教えにも通じていた。そして中国の三玄（荘子・老子・周易）、五経（周易・尚書・毛詩・礼記・春秋）、天文、地理なども学んでいたと伝える。

そして太子は仏教を広めるために多くの寺院を建立している。その中で四天王寺は仏教の福田（幸福を生み出す田・布施や供養などの種をまくことによってかならず幸福という実を結ぶ田地のこと）思想によって、貧民を救済する施設とともに難波の海に到着する隋や唐の使節たちに国威を示す役割があったとする。それに対して法隆寺は、用明天皇の遺願によって推古天皇と太子が推古一五年に斑鳩宮の西側に建立した仏教研鑽の道場である。このように太子は日本仏教の興隆に大きな貢献をしたことから、「和国の教主」と尊崇を受けることとなる。

そのころ太子が仏教経典の研鑽に精通していることを聞かれた推古天皇は、太子に仏典を講義することを要請された。『帝説』によると、太子はそれに応えて推古六年（五九八）（『書紀』には推古一四年

（六〇六）とする。『法隆寺伽藍縁起并流記資財帳』（以下、『法隆寺資財帳』と略記）や『帝説』は推古六年としている）四月一五日に橘宮（橘寺の付近？）で勝鬘経を説かれた。そのときの太子の姿は僧のようであり、多くの皇子たちや臣、連、そして一般の人びとも太子の講義を聞いて大いに悦んだという。太子は難解な勝鬘経をわずか三日間で説き終えたのである。その年に法華経も講じ、天皇も大変慶ばれて播磨の地五〇万代を布施料として太子に与えられた。太子はそれを建立しつつあった法隆寺や中宮尼寺、片岡僧寺に分け与えたのである。その後も天皇は太子に、法華経、勝鬘経を講讃することを求めている。その講義のときには蘇我馬子をはじめとする群臣たちもそれを拝聴した。そのときの様子を図化したものが「勝鬘経講讃図」である。

とくに推古天皇が資財を与えられたときには、用明天皇が発願されていた薬師像と寺を造営する資財とするようにとの天皇の言葉が添えられていたのかもしれない。そのことから法隆寺は推古天皇と太子が建立したとする縁起が造られたのではないだろうか。

『薬師如来像光背銘文』には、つぎのように伝えている。

「用明天皇は病気になられた用明元年（五八六）に、のちの推古天皇と太子とをお呼びになって誓われたのである。私は病気を平癒したいと思うと。そのために寺（法隆寺）を造《つく》り薬師像《やくしのぞう》を作《つく》ることを推古天皇と東宮聖王《ひつぎのみこのひじりのみこ》（太子）に遺言されたのである。そして推古一五年（六〇七）に用明天皇の遺願が成就された（法隆寺と薬師像を造顕）」（要旨）

太子もまた天皇の御心を深く理解して、その布施料の多くを斑鳩寺（法隆寺）を建立する資財とされたのであろう。

遣隋使たちが請来した新しい優れた文化の数々を積極的に導入しながら、優れた寺院を建立することが太子の夢であった。法隆寺の堂塔の内部には壁画が描かれ、仏国土を表す異国的な風情の強い寺院となった。それが完成することを祈りつつ、恵慈の勧めのもとに法華、勝鬘、維摩の三経の註釈書を著述することに専念をしていたのではなかったか。やがて法隆寺がほぼ完成したころに、その供養会が未曾有の大盛儀として執り行われた。おそらく恵慈を開眼導師として伎楽などの異国情緒あふれる法要が行われたことであろう。その盛儀に参列した人びとも、その異国情緒溢れる法要に感嘆をしたに違いない。

この法隆寺の供養は、太子の生涯の中で最も幸せなひとときであった。太子はこの日に斑鳩に建てた寺を「法隆寺」と命名し、人びとは地名によって「鵤寺《いかるがでら》（斑鳩寺）」と呼んだ。

馬子が建てた飛鳥寺を法興寺と命名したことに因《ちな》んだのかもしれない。法興寺と法隆寺は仏法興隆の興と隆を分けたものではないか、とする見解もある。とくに法隆寺は学問を研鑽する道場とりわけ法華経、勝鬘経、維摩経を研鑽をすることが遺願の一つであることから、太子が「法隆学問寺」と命名されたのではなかったか。

太子終焉

太子の理想は斑鳩宮で実現しつつあったが、太子の一族（上宮王家）を覆う暗雲は意外に早く訪れた。推古二九年（六二一）一二月二一日に太子の母、穴穂部間人皇后が多難な生涯を閉じた。そして太子もその翌年の正月二二日から病床についている。太子から最も寵愛を受けた膳《かしわでの》菩岐々美郎女《ほききみのいらつめ》も二月二一日に亡くなり、太子も、その翌日にこの世を去られた。太子四九歳であった。

太子が亡くなった年時について、『金堂釈迦三尊光背銘』（六二三年造）をはじめ『天寿国曼荼羅繡帳銘』（六二三年～）、『上宮聖徳法王帝説』（七世紀中ごろ以降の古い史料を集めたもの。平安中期ごろに編纂）、『法起寺塔露盤銘』（七〇六年造）などは推古三〇年（六二二）二月二二日としている。それに対して『書紀』（七二〇年・舎人親王撰）は、推古二九年（六二一）二月五日とする。しかし前者の推古三〇年二月二二日説が定着している。

太子が亡くなった場所についても、『書紀』は斑鳩宮とするのに対して法隆寺関係の記録では蘆垣宮と伝える。

蘆垣宮説の最も有力な資料に、『大安寺伽藍縁起并流記資財帳』（七四七年勘録）がある。それには飽波蘆垣宮で病床にあった厩戸皇子（太子）を推古天皇が田村皇子《たむらのみこ》（のちの舒明天皇）を派遣して見舞わせた、と記していることによる。

そのとき、太子はつぎのような遺言をしている。

「財宝はいずれ無くなってしまうものである。けっして永く伝わるものではない。しかし仏の教えはどのような時代であっても絶えることなく、末永く伝わるものである。そのために造営中の熊凝寺を仏教を広める道場として是非とも完成をしてほしい。それによってますます仏の教えが

広まることを願っている」（要旨）

このとき田村皇子に託した熊凝寺はやがて百済大寺として完成し、いくたびかの変遷を経て最終的に大安寺となった。

なお、太子が亡くなったことを記す法隆寺の資料では、『法隆寺安居功徳講表白』（九四七年撰）が最も古い。

それには「推古天皇三〇年二月二二日の夜半に、太子は飽波蘆垣宮に於て薨じた」とある。これには太子が亡くなった年月日について推古三〇年（六二二）二月二二日説を採用し、その場所は飽波蘆垣宮であると明記している。『太子伝私記』にも太子が蘆垣宮で亡くなったとする伝承を記している。「上宮王院《じょうぐうおういん》（夢殿）より辰巳《たつみ》（東南）の方角へ八、九町行ったところに木瓦葺の堂があり、それを幸屋《みゆきや》と呼んでいる。

そこには昔、太子が居住していた宮殿があった。そこで太子は薨去され、遺体は墓所の科長へと葬送した」（要旨）

このように法隆寺では、夢殿から東南に八〇〇メートルあまりの場所にある蘆垣宮で太子が亡くなったと伝えてきた。ところが、天平時代に斑鳩宮の聖跡に太子を供養する殿堂として「上宮王院」（夢殿）を建立したころから、斑鳩宮で薨じられたとする説が有力視されるようになる。

そのころから太子が亡くなった場所を、斑鳩宮と蘆垣宮とする二説が唱えられるようになったのである。

『太子伝玉林抄』（一四四八年・寺僧訓海撰）には蘆垣宮と斑鳩宮の両説を挙げ、その二つの宮殿は同所異名であると述べている。『良訓補忘集《りょうきんほもうしゅう》』（一七一六年〜一六三六年ごろ・寺僧良訓撰）によると、嘉祥二年（八四九）に法隆寺僧の實乗が蘆垣宮跡に成福寺《じょうふくじ》という寺院を造営したと伝える。しかし、『太子伝私記』には成福寺の記載はなく、「木瓦葺の幸屋」という建物があったことのみを記している。

『斑鳩古事便覧』（一八三九年・寺僧覚賢撰）には、太子や成福寺にまつわる興味深い伝説を記している。「葦垣宮を神屋《かみや》と呼び、そこにある寺院を成福寺と呼ぶ。この場所は太子とその妃が薨去されたところである。

太子が亡くなってから二二八年後の嘉祥二年に成福寺（蘆垣宮跡）を造営した。この寺院の社頭には推古天皇を祀っており、古くは松林の馬場が成福寺から法起寺（岡本宮）へ続いていた」（要旨）

その成福寺（東面している寺院）の甍には「蘆垣宮」と刻した丸瓦が葺かれ、しかもその門前には「蘆垣宮」と刻した石柱（寛政一三年・一八〇一）も建てられた。

なお飽波の郷名の最も古い史料は、法隆寺に伝来した「平絹幡」（法隆寺献納宝物）に見られる。それには壬午《みずのえうま》年二月に飽波書刀自が、幡（仏を供養するための旗）を奉納したと墨書している。飽波書刀自という人物についてはわからないが、飽波郷に住んでいた地位の高い女性らしい。しかも、その「壬午」は天武一一年（六八二）に比定されており、太子が亡くなって六〇年目に当たる。

なお、平成三年に蘆垣宮伝承地に隣接する上宮遺跡から、掘立柱群が発見された。斑鳩町では上宮

（神屋）地区（法隆寺南三丁目）に歴史公園の建設を計画し、その事前の調査を行ったときである。

その発掘現場からは直径四〇～五〇センチの柱を使った大規模な五棟の建物跡が見つかり、柱の太さから平城京の長屋王の邸宅級のものであることが判明した。その調査地区の溝からは聖武天皇や称徳天皇の時代に平城宮で使われたものと同型式の瓦も出土している。それによってその遺構は奈良時代の建物群であることが明らかとなり、神護景雲元年（七六七）四月二六日に称徳天皇が行幸（『続日本紀』に記載する）された飽波宮跡である可能性が高まった。しかも中世にはその近くに、「天皇が行幸した建物」をうかがわせる幸屋が建っていたのである。

おそらく、後世の人びとが称徳天皇が行幸した宮殿の伝承と太子が薨去した蘆垣宮の伝承を混同した可能性もある。発掘現場からは、太子時代の「蘆垣宮」をしのばせる遺構は発見されていない。しかし、その周辺からは七世紀の土器片も出土しており、近くに「幻の蘆垣宮」が眠っている可能性は高い。なお、この成福寺を中心とする広い地域には上宮《かみや》の字名が遺っている。

とくに南東の場所には、太子が秦川勝（川勝の子孫が能楽を伝えたという）に命じて猿楽を舞わせた能舞台《のうぶたい》（能場《のうば》ともいう）の地名があり、北には法起寺（岡本宮）と成福寺（蘆垣宮）を結ぶ松並木もあった。その一隅には石碑（『成福寺境内松馬場標』延享二年・一七四五）があり、松並木の規模を記している。松並木の一部は昭和三〇年代まであった。

また近年まで成福寺近くの畑の中に瓦を組み合わせたものがあり、それを蘆垣宮址の印であると伝えていた。残念ながら現在は見当たらない。

なお、蘆垣宮の推定地についてはこの斑鳩町の上宮、安堵町の飽波神社付近、西安堵の高安寺付近とする説がある。

おそらく、この三つの推定地を結ぶ広い地域に太子の宮殿「飽浪蘆垣宮」が眠っているのかもしれない。

飽波蘆垣宮で亡くなった太子と妃菩岐々美郎女《ほききみのいらつめ》の遺体は、母間人皇后が葬られている河内磯長《しなが》（大阪府太子町）の御廟へと運ばれた。斑鳩から磯長への道もまた「太子道」と呼んでいる。斑鳩から磯長へ太子の棺を運んだ葬送の道である。棺が到着した墳墓の前では葬送の儀礼が行われた。その儀礼は固有の葬送儀礼に加えて非常に仏教的色彩の強いものであったにちがいない。廟内の中央には穴穂部間人皇女の棺、その左右には太子と膳妃の棺が安置された。この墳墓は直径五四メートル・高さ七メートルの円墳である。この墳墓が七世紀前半のものとすれば平均的な規模といわれている。三人を葬った御廟であることから、これを「三骨一廟」と呼んで太子敬慕の聖地となった。このときの太子の一族をはじめ多くの人びとの悲しみはいかばかりであったかは想像を絶するものがある。

『書紀』には人びとが嘆き悲しんだ様子を美辞麗句をもって伝える。

「推古二九年二月五日の夜半に太子は斑鳩宮で亡くなった。そのとき皇族や臣下の人びと、そして国民も大いに悲しんだのである。

日も月も輝きを失い天も地も崩れてしまったようである。私たちはこれから誰を頼りとして生きて行けばよいのか」（要旨）

太子が亡くなる前後の史実を伝えるものに、『釈迦三尊光背銘』や『天寿国曼荼羅繡帳銘』がある。それによると、推古二九年一二月に母の穴穂部間人皇后が亡くなり、明年の推古三〇年に太子が病床につかれ食もすすまない状態であった。ついに妃の膳郎女も看病の疲れから病床につかれていた。このときに他の王后や王子らと諸臣が、ともに太子と等身の像を造顕することを発願している。そして仏法の威力によって太子の病気が治り寿命が延びることを願った。しかし不幸にして亡くなったならば早く浄土へ登られるようにと祈っている。ところが二月二一日に妃の膳郎女が亡くなり、その翌日に太子が薨じられたのである。そのとき造像されつつあった釈迦像や脇侍と荘厳具は、推古三一年（六二三）の三月に司馬鞍首止利仏師が完成させている。この像の後背には「釈像尺寸王身」とあり、太子と等身の像と伝える。すでにこの像の銘文から太子に対する敬愛と信仰の芽生えを感じさせる。

とくに『天寿国曼荼羅繡帳』は、太子の妃の一人である橘大女郎（推古天皇の孫）が太子が往生されたであろう「天寿国」の様子を図化して太子をしのぶことを望んで制作された。そのため天皇の詔をうけて宮中の采女たちに作らせている（現在もその断簡が中宮寺に伝わっている）。

その銘文の中には、太子のことを「我大王」と呼び、太子が生前に「世間は虚仮にして、唯仏のみ是れ真なり」と語られていたと伝えており「釈迦三尊光背銘」とともに太子の実像を伝える最も貴重な資料となっている。

上宮王家の悲劇

太子が亡くなってからしばらくは、上宮王家の人びとの消息を伝える記録はない。しかし推古三六年（六二八）に推古天皇の病気が悪化したときに、天皇が田村皇子（敏達天皇の孫で押坂彦人大兄皇子の息子）と太子の長子である山背王とを召してそれぞれに遺詔をされた。

田村皇子に対しては、つぎのように語った。

「皇位について国の基本を整えたり、人びとに政務をさせることは容易なことではない。容易《たやす》く何事も口にしてはいけない。

そのために行いを慎み、よくものを見るように心がけよ。けっして軽々しく自分の思いを語ってはならない」（要旨）

山背王に対しても、つぎのように語った。

「お前は未だ未熟なところがある。心に思うことがあってもあれこれと自分の考えを云ってはならない。必ず人びとの意見を聞いてそれに従うように」（要旨）

しばらくして天皇が崩御した。そして田村皇子と山背王への先帝の遺詔を巡って紛糾することとなる。そのころ大臣の蘇我蝦夷には、それを解決するだけの指導能力が備わっていなかったらしい。

やがて田村皇子を擁立する蝦夷（山背王の叔父）は、山背王を推す境部摩理勢（蝦夷の叔父？）と対立した。麻理勢は太子を慕っていたので山背王の推戴を主張したのである。そして蘇我氏の墓所の造営に一族の人びとが参加をしていたときに、摩理勢は蝦夷に反抗の態度をあらわにした。やがて蝦夷は摩理勢を殺害して、田村皇子を皇位につける暴挙に出ている。

ところが『書紀』には、舒明天皇が即位をしたころの山背王の消息は伝えていない。

『太子伝私記』が引用する『法起寺塔露盤銘』によると、舒明一〇年（六三八）に山背王が法起寺の金堂を造営したとあり、山背王は「諸《もろもろ》の悪《あしきこと》をな作《せ》そ。諸《もろもろ》の善奉行《よきわざおこな》へ（悪いことをせず多くの善行をするように）」という太子の遺訓を遵守しつつ、太子の追悼供養に専念をしていたのであろう。舒明一三年（六四一）一〇月九日に舒明天皇が崩御された。そしてその大后《おおきさき》の宝皇女《たからのひめみこ》が即位をした。それが皇極天皇である。

推古天皇の遺詔や舒明天皇の即位前紀の状況からすれば、山背王が皇位につくはずであった。しかし『書紀』では、山背王の存在を完全に無視している。

そのころ蝦夷と入鹿《いるか》の父子が祖廟を建てて、蝦夷の墓（大陵）と入鹿の墓（小陵）を造っている。しかも、その作業に上宮の乳部の民を使役したことに対して、太子の娘である上宮大娘姫王《かみつみやのいらつめのみこ》が激怒をした。

また皇極二年（六四三）の一〇月六日に病床に臥した蝦夷が私的に紫冠を息子の入鹿に授け、大臣の位を譲ったように見せかけるなど横暴は留まるところがなかった。そして、舒明天皇の長子で蘇我の血を引く古人大兄皇子を皇位につけることを画策したのである。このような蝦夷と入鹿の暴挙に対して、世の人びとの心情は山背王へと集まっていた。

山背王に心を寄せる人びとの声が高いことに危惧を抱いた入鹿は、小徳巨勢徳太古と大仁土師娑婆連らを斑鳩に派遣して上宮王家の一族を襲わせた。山背王たちは皇極二年（六四三）一一月一日、入鹿のさしむけた軍勢を迎えて大いに奮闘している。しかし、ついに防御しきれず、山背王は敵を欺かんとして馬の骨を内殿に置き、すでに皇子たちが死亡したと見せかけて生駒山へと逃れた。巨勢徳太古たちは斑鳩宮を焼払ったときに、その灰塵の中から骨を見つけ出し、山背王が死んだと思って退去をしている（人間の骨と馬の骨を見分けられなかったのは不思議である。巨勢徳太古は山背王たちを逃そうとした可能性もある）。生駒山に逃れた山背王たちは四、五日間、山中に留まっていたが、三輪文屋君が山背王に対して、今から深草に行き、そこから馬に乗って東国に向かい、乳部で体勢を整えてから入鹿との戦いに臨むならば必ず勝つでしょう、と進言をした。山背王はそれに答えて、そうすれば必ず勝利をするであろう、しかしわれ一身のために人びとを煩わすことは出来ないと、その進言を退けている。

「たとえ戦いに勝っても、戦によって多くの人びとを苦しめては、どうして立派な男性といえようか。この身を捨てて国の安定を計ることこそが男というものではないだろうか」（要旨）

やがて山背王が生存していることは入鹿の知るところなり、入鹿は再び斑鳩に軍勢をさしむけた。ついに死期を悟った山背王は、生駒山から下って斑鳩寺の付近へ帰ってきた。それを入鹿の軍勢が取囲んだのである。

そのとき山背王は三輪文屋君に敵の軍勢に対して、つぎのように告げさせている。

「私が軍勢を起こして入鹿を討てばきっと勝つであろう。しかし自分のことで多くの人びとを傷つけ殺すようなことはしのびない。そのために自分の身を入鹿に与えよう」（要旨）

しばらくして山背王は、一族（二三人とも一五人とも云う）の人びととともに自害をしたのである。

「皇極二年一一月一一日午後一〇時ごろに大臣の蝦夷と入鹿、致奴《ちぬ》王《きみ》の皇子の軽王《かるきみ》（のちの孝徳天皇）、巨勢徳太古《こせのとくだこ》の臣《おみ》、大伴《おほとも》の馬甘《うまかい》の連《むらじ》、中臣《なかとみ》の塩屋の枚夫《ひらふ》ら六人が悪逆《あくぎゃく》を謀って太子の子孫男女廿三人が罪もないのに殺害された」（要旨）（『上宮聖徳太子伝補闕《ほけつ》記』以下、『太子伝補闕記』と略記）

ここに太子の一族は滅亡した。そのような入鹿の暴挙を聞いた蝦夷は入鹿を怒り罵って「どうして入鹿は、このような乱暴なことをしたのか、これによってお前の命が危なくなるぞ」と嘆いたと『書紀』は伝えている。

このような蝦夷と入鹿の悪行に対して批判の声は高まることとなる。

太子一族の鎮魂と龍田新宮

皇極四年（六四五）六月一二日に中大兄皇子と中臣鎌子（藤原鎌足）がクーデターを決行。飛鳥板蓋宮で入鹿が殺害され、その翌日に蝦夷も自害をしている。権勢を誇った蘇我宗家はここに滅亡したのである。翌一四日には、皇極天皇の譲位によって天皇の弟である軽皇子が即位をしている。それが孝徳天皇である。そして中大兄皇子が皇太子、左大臣に安倍倉梯麻呂、右大臣に蘇我倉山田石川麻呂、内臣に中臣鎌子がそれぞれ就任をした。

六月一九日には初めて年号を建てて大化とし、大化元年（六四五）八月八日には仏法興隆の詔を発布している。そして僧侶を統制する十師（僧侶を統括指導する機関）と寺院を統制する寺司（寺院の俗人の役人）・寺主（事務総括者）・法頭（中央僧官の一つ）などを任命したのである。

とくに、大化四年（六四八）には、「食封三百戸（財源。朝廷から下賜された民戸の租税のこと）」が法隆寺に施入されたことが天平一九年（七四七）勘録の『法隆寺資財帳』に記している。

しかもこの食封施入には、皇極二年（六四三）に山背王など太子の一族を滅ぼした巨勢徳太古が深く関与していたのである。

それについて、巨勢徳太古が贖罪の気持ちを抱いて朝廷を代表して施入したとする見解も提起されている。

ちょうどその時期に、法隆寺の守護神である龍田本宮から新宮を遷宮したのである。どうして龍田新宮を造営したのか、という理由はわかっていない。その龍田新宮は法隆寺の西南約五〇〇メートルのところにあり、しかもその新宮の北には太子一族を葬ったと見られる御坊山古墳群が位置している。この古墳群が所在する地名の通称が「御坊山（御廟山）、字名神後《こうのしろ》」と呼ばれる南斜面に位置しており、昭和三九年と同四〇年の宅地造成工事中に偶然発見した。残念なことに充分な調査も出来ないままに破壊をされたのである。

この竜田御坊山古墳群のなかで最も重要な古墳は、第三号墳である。墳丘は径八メートル、高さ二・五メートルの小規模だが巨大な花崗岩をくりぬいて作った横口式石槨で七世紀中ごろに築造した古墳である。

その石槨の内部には黒漆塗りの陶棺が安置され、棺のなかには、仰臥《ぎょうが》した人骨一体があった。一五六センチの狭い棺内に身長一六〇センチくらいの若い男性が、足を曲げた状態で納められていたのである。琥珀製の枕を置き、その左右には三彩の有蓋円面硯と円筒状のガラス製品が副葬されていた。硯と筆軸と思われるガラス製品は中国製の可能性があり、被葬者の生前の姿と社会的地位の高さを髣髴とさせる。そのことから、皇極二年（六四三）ごろに築かれた上宮王家の墓所と考えられるようになったのである。

このような見解を踏まえて龍田新宮を遷宮した理由に思いを巡らすと、きわめて意義深いものが潜在しているように思われてならない。

『太子伝私記』（鎌倉時代）や『龍田本宮縁起』（南北朝書写）には、太子と龍田明神に関する伝説が記されている。

しかも『龍田本宮縁起』の末尾に、龍田新宮は孝徳朝（六四五〜六五四）に鎮座したことを明記している。

「新宮は龍田の市中の法隆寺側にある。孝徳朝に鎮座をした。それは法隆寺の鎮守のために遷座をしたものである。それは神と太子の御誓約によったものである」（要旨）

これは龍田新宮の鎮座年時を示す貴重な資料である。

しかも、孝徳朝といえば古墳の造営とほぼ同時期であり、そこに葬られている人びとが誰であるか、ということがはっきりとしていた時代である。その古墳群のちょうど南に龍田新宮を遷座しており、どうしても両者が無関係とは考えられない。

とくに、御坊山はかつて新宮の社地であったことを考え合せれば、御坊山を新宮の神奈備《かんなび》と見ることもあながち根拠のないものと一掃することは出来ない。むしろ、太子にゆかりある人びとの御廟を意識してその鎮魂のために新宮を遷宮し、その菩提と斑鳩寺の安穏を願った可能性が高くなる。

大化四年（六四八）の食封の施入は皇極二年の事件に対する贖罪の気持ちの表れであり、その食封をもって太子の一族が眠っている御坊山の南麓に龍田新宮を遷座したと考えるのはうがちすぎであろうか。

とくに、皇極二年の事件に対する贖罪の気持ちは、太子の一族というよりはむしろ太子そのものに向けられているように感じられてならない。

そのころ、山背王らを滅ぼした直接の行為者が、朝廷内に実在していたことは注目に価する。しかも食封には、偉聖者として人びとから崇められつつある太子とその寺（斑鳩寺）への贖罪の気持ちが含まれているように思われてならない。

巨勢徳太古はあくまでも朝廷が法隆寺へ派遣した使者にすぎない。朝廷として食封を法隆寺へ施入したことは、太子一族を襲った軍勢の中にいたとする軽王（孝徳天皇）の影を感じる。もしそれが史実であれば、その食封には贖罪の意味が込められていた可能性が高くなる。

不可解なことに、法隆寺では山背王らを供養したり、特別の意識をもって崇拝している記録はない。

『帝説』には、山背王が聡明な人物であったことを記している。

「太子が蘇我馬子の娘である刀自古郎女を娶って生んだ子は山背王である。この山背王は賢く尊い心をもっており、身命を捨てて人びとを愛した。のちの世の人が父の太子と混同をしているのは誤りである」(要旨)

すでに触れたように太子の一族を滅ぼした軍勢の中には、のちの孝徳天皇の姿があった。その事情を配慮した法隆寺側が食封を太子一族を葬った古墳群を供養する意味を込めて、その南面に法隆寺の守護神として龍田新宮を遷座する資財とした可能性もある。私には太子一族に対する鎮魂供養の施設として、龍田新宮を遷宮したと思われてならないのである。

斑鳩の寺炎上

太子一族の滅亡という大悲劇に追い打ちをかけるかのように、法隆寺が焼失したと『書紀』は伝える。

「(天智九年・六七〇) 四月三〇日夜明け前に法隆寺に火災があり、一屋も残すことなく焼けた」

「庚午年《かのえうま》四月三〇夜半斑鳩寺に災《さい》あり」(『太子伝補闕記』『聖徳太子伝暦』・天智九年 (六七〇?))

不思議なことに、法隆寺を再建したとする記録はない。しかし法隆寺は現存しており、再建されたことはたしかである。

おそらく、天武天皇や持統天皇などからの援助や太子を慕う人びとの篤い信仰の力によって、法隆寺は不死鳥のように再生したのである。

法隆寺は太子が建立されたままの姿を伝えている寺院として、古くから人びとに信じられそれが信仰の一つとなっていた。

ところが『書紀』の記事をめぐって、明治二〇年ごろから法隆寺は焼失し再建したとする再建説と、推古一五年に建立したままであるとする非再建説が真向から対立をした。そしてその論争の火ぶたが切られたのである。

それを『法隆寺再建非再建論争《ほうりゅうじさいけんひさいけんろんそう》』と呼ぶ。

再建論者である黒川真頼・小杉榲邨・管政友らは『書紀』の焼失を伝える記載や『七大寺年表』・『伊呂波字類秒』の「和銅年中法隆寺造立」という記録によって再建論を唱えた。

それに対して非再建論者は、『法隆寺資財帳』・『太子伝私記』などの法隆寺関係の古い記録にはまったく火災のことにはふれておらず、延長三年(九二五)に大講堂が焼失したのが唯一の火災であるとする点を重視するものであった。それによると塔と金堂は太子が造立されたものであるから、講堂を再興するときには旧地から北へ遷したとするのである。それは、もしふたたび講堂が焼失するようなことがあった場合、塔や金堂への類焼をさけようとした結果であるということに非再建論者たちは注目をした。そのことから法隆寺は焼失したことはなく、現存の建築様式は飛鳥時代のものであって、けっしてそれ以降の様式ではないと強く反発したのが、関野貞・平子鐸嶺などであった。

それから半世紀に及ぶ論争が展開することとなる。その間には平子鐸嶺の「干支一巡説」、堀井卯之

若草伽藍心礎の傍に立つ著者

助の「三寺説」、関野貞の「二寺説」、足立康の「二寺説」などの諸説が唱えられている。
ところが江戸時代の記録に若草という場所に大きな石があり、それを若草の塔の心礎であるとする古老たちの伝承を載せていることに注目されるようになる。その場所は法隆寺の南大門内の東にあり、そこには巨大な心礎のような礎石が残っていたのである。ところが、その礎石が明治一〇年ごろに寺外に持ち出されていた。その礎石は、法隆寺の再建非再建論争の重要な資料でもあることから、多くの人びとの努力によって昭和一四年に旧地に返還されることとなった。それにともなう若草伽藍跡の発掘が、石田茂作・末永雅雄によって行われた。その発掘によって、金堂や塔のものらしい掘り込み基壇の遺構が発見され、そこに四天王寺式の伽藍が存在したことが証明されたのである。しかも伽藍の南北の中心軸が西に約二〇度ふれていることや、出土した瓦が現在の法隆寺のものよりは古く、飛鳥寺創建の瓦に近いことなどが判明した。そのことから再建論が決定的となったのである。
しかし、その焼失年代については①推古一八年焼失説（平子鐸嶺の干支一巡説）、②皇極二年焼失説（小野玄妙）、③大化以後天智以前焼失説（藪田嘉一郎）、④天智九年焼失説（『書紀』）などの異論もあり、いまだ確定していないというのが実状である。

しかも昭和九年からはじまった昭和大修理によって、金堂の礎石の中には再使用をしたものもあり、壁の下地の木舞には古い建築の化粧材を割って使用していることが明らかとなった。それと同じように東室の柱からも削り直した転用材などを確認している。

また昭和四三、四四年には、国営による若草伽藍跡の再発掘が行われた。それは若草伽藍跡の遺構を再確認することと、その伽藍の規模などを精査する目的から行われたのである。その発掘によって塔の基壇が金堂の基壇の築成に遅れて作られていること、東西の廻廊跡と想定する部分に掘込基壇をもつ建物遺構が存在しないこと、講堂跡についても掘込地業の痕跡や土壇の積土が検出されないこと、などの新事実も明らかとなった。

とくに昭和五六年からはじまった『法隆寺昭和資財帳』(以下「昭和資財帳」と略記)の編纂調査による新発見の資料をはじめ法隆寺出土瓦の変遷や年輪年代法による新しい知見などによって、焼失年代を含む多くの法隆寺問題はますます迷路へと進む気配を強めつつある。

第二章　法隆寺再生へ

七種宝物　太子御手題梵網経（『御宝物圖繪』）

不死鳥のように

法隆寺の再建はいつごろからはじめられたのであろうか。

『法隆寺資財帳』によれば天武八年（六七九）には三〇年前の大化四年（六四八）に朝廷から納賜された「食封三百戸」も停止しており、そのころの法隆寺では経済的にも苦慮をしていたらしい。しかし、そのころ法隆寺へ幡などが奉納されていることに注目しなければならない。「昭和資財帳」や献納宝物の調査によって天武一一年（六八二）・持統二年（六八八）・持統六年（六九二）などの紀年銘をもつ幡が発見されている。しかも天武一四年（六八五）には法起寺の三重塔の建立も発願されていることもあり、すでに法隆寺が再建の途上にあったことをうかがわせている。

とくに持統七年（六九三）一〇月二六日に朝廷は諸国に対して「仁王経」を説かせており、そのときに持統天皇からは法隆寺で行われた仁王会の料として、「銅印七面」をはじめ「黄帳一張」「緑帳一張」「経台一足」などが納賜されたことが、『法隆寺資財帳』に記録されている。しかもその翌年には天皇から「金光明経一部八巻」が納賜されており、同年三月一八日には鵤大寺（法隆寺のこと）の徳聡法師が片岡王寺の令辨法師、飛鳥寺の辨聡法師とともに父母の報恩のために観音像を造っている。

それらの史料を総合すると、法隆寺が天智九年に焼失したとしても、持統七年のころにはすでに金堂を中心とする寺観が整えられつつあったことがうかがわせる。

とくに和銅三年（七一〇）には都を平城に遷し、興福寺や大官大寺を都に移建したことに関連して法隆寺も平城の近くにある官寺としての寺観の整備が行われたらしく、翌四年（七一一）には「五重塔塑像群」や「中門仁王像」を造ったことを『法隆寺資財帳』に記している。

建築様式から見ても、まず中心の建物、金堂から着工をし、続いて五重塔・中門・廻廊の順に建てられたらしく、各建物の様式に若干の相異がみられる。また、五重塔の内部にある四面の塑像や中門の仁王像が『法隆寺資財帳』に記すように和銅四年（七一一）に造られたとするならば、それをもって法隆寺の完成とする見解が強い。それから逆算すれば金堂の着工は遅くとも天武年間（六七三〜六八六）ごろということになる。

ところが不可解なことに『書紀』は火災のことを伝えながら、法隆寺再興の記録は見られない。しかし『七大寺年表』・『南都北郷常住家年代記』・『伊呂波字類抄』などは「和銅年中に法隆寺を造る」と記している。それは五重塔の塑像や中門の仁王像の造顕記録とも一致する。

おそらく法隆寺の再建は、太子を景仰する多くの人びとの浄財と太子が法隆寺へ施入した播磨の鵤荘などの資財が中心で、国家の直営工事でなかったために『書紀』に記録しなかったのかもしれない。そのために資財の不足などによって、しばらく工事が中断したり長引いたのではないだろうか。それを裏付けるかのように五重塔は持統七年ごろに再興されつつあったが、実際の完成は和銅四年まで下るのではないかとする見解が強い。その理由として、塔の戸口の造作材などの外気にふれないはずの柱の面に風蝕した部分があり、塔の骨子が建てられてから、数十年間工事が中止していたと考えられている。それは、持統朝から塔内四面の塑像を造顕する和銅四年にいたる二〇年間余りの長期間にわたって、再建の工事が放置されていたことを示すものとする説も出ている。

とくに和銅四年に造られた塔内四面の塑像群のテーマは、釈迦の諸相を表現したものである。そのなかに釈迦と太子の姿を彷彿とさせるものがあり、法隆寺の再建事業が太子信仰を母体とするものであったことを感じさせる。中門や廻廊も様式的にみて塔と大差はないといわれており、塔内塑像及び仁王像が造顕された和銅四年になって、法隆寺の寺観が整えられたと見てよい。中心伽藍の完成に引き続いて二次的な鐘楼・経蔵・僧房・門・宝蔵・食堂なども建立され、天平ごろには現在の姿に近いまでに完成していたと推察される。

このように太子を慕う人びとの篤い信仰の力と朝廷の支援によって、法隆寺は不死鳥のように再生されたのである。この再生は太子信仰の高まりの結晶であり、再建法隆寺は太子信仰の現われそのものといってよい。

法隆寺の再建が完成したころから官の大寺としての性格が強まり、建立当初の目的とは異なった方向へと向かいつつあったのではないだろうか。それは太子を供養する寺院から、国家の寺院としての性格が強まったからである。そのような背景のもとに、やがて法隆寺は七大寺や十大寺の一つとなった。法隆寺が国家寺院となったころに、それに代わるかのように太子を供養する殿堂として、斑鳩宮の旧跡に上宮王院を建立している。

太子を供養する殿堂・金堂のなぞ

釈迦三尊像を安置する殿堂を金堂と呼ぶ。金堂とは根本の殿堂のことであり、法隆寺の本尊釈迦三尊像などの諸仏を安置する厨子でもある。金堂は法隆寺で最も早く建立されたもので飛鳥様式を代表する建物である。雲形肘木、卍くずしの高欄、人字形の割束、エンタシスの柱など飛鳥建築の特色が渾然と調和して荘重ななかにも、簡潔で力強い造形美を見せている。

近年の年代年輪法の研究によって、部材の年輪から建築の造立年代を推定することが可能となった。その年輪研究の成果によると、『書紀』が法隆寺の火災を伝える天智九年（六七〇）ごろには金堂の建立に着手をしていた可能性があるという。もしそれが事実であれば、金堂は創建法隆寺とは別に釈迦三尊像を安置する建物として建立に着手をしていたことなる。とくに基壇の調査によると、その中に若草伽藍の焼失箇所より運んだのではないかと思わせる焼け土や瑠璃瓶の破片なども出土しており、創建法隆寺の金堂を踏襲しているとする信仰があったのかもしれない。また創建法隆寺の金堂や塔にも壁画が描かれていたらしいこともわかってきた。

それは平成一六年（二〇〇四）に、南面大垣の南方や若草伽藍跡の西方に位置する宝光院の近くから、創建法隆寺に属する壁画の焼損片などが出土したことによって判明した。とくに平成一八年（二〇〇六）に公共下水事業にともなうマンホール設置の事前調査として発掘をした宝光院の東に隣接するわずか一坪ほどの調査面積から、壁画片など豊富な遺物が出土したことは注目に価する。おそらく、その周辺には多くの遺物が埋蔵されている可能性が高まっており、宝光院周辺の発掘調査に期待をする研究者たちの声は高い。かつて若草伽藍跡の塔跡近くの南面大垣の石垣の下からは、百済の影響を受けた単弁八弁蓮華文（飛鳥時代）を配置した鬼瓦の断片が出土したことはよく知られている。なお、その断片が出土したころに南面大垣の石垣の下から創建法隆寺の建物に付属したと見られる、分厚い壁面の断片が出土していた。そこには何も描かれていなかったが、壁面には赤い焼痕が見られた。どうしたことか、そのことは公表されていない。

今となってはこれも、若草伽藍跡の調査に関連する秘話の一つとなっている。このように闇に葬られている、未公開の貴重な資料や遺構も多いことをこの機会に申し添えておきたい。

なお、参考までに金堂の平面図の中に台座を現状位置（釈迦三尊像の位置が動いていないことが確定している）に記入し、金堂内の空間と仏像のバランスを考えることとした。

①釈迦三尊像だけを本尊として中央に安置した場合。
②釈迦三尊像を中央に安置し、しばらくして東壇に薬師如来坐像を安置した場合。
③中央に釈迦三尊像、東壇に薬師如来坐像、西壇に阿弥陀如来坐像を安置した現況の場合。

この三案の図面を作成して比較すると、①②③の順に金堂内諸尊安置の変遷があったように思われてならない。これらの図面からいろいろと思いめぐらせていただきたい。

とくに金堂の平面図を見ると、釈迦三尊像の安置場所が中央よりも少し前方に位置することが注目される。天蓋の場所も移動した痕跡はなく、建立当初から今の場所に釈迦三尊像を安置していた可能

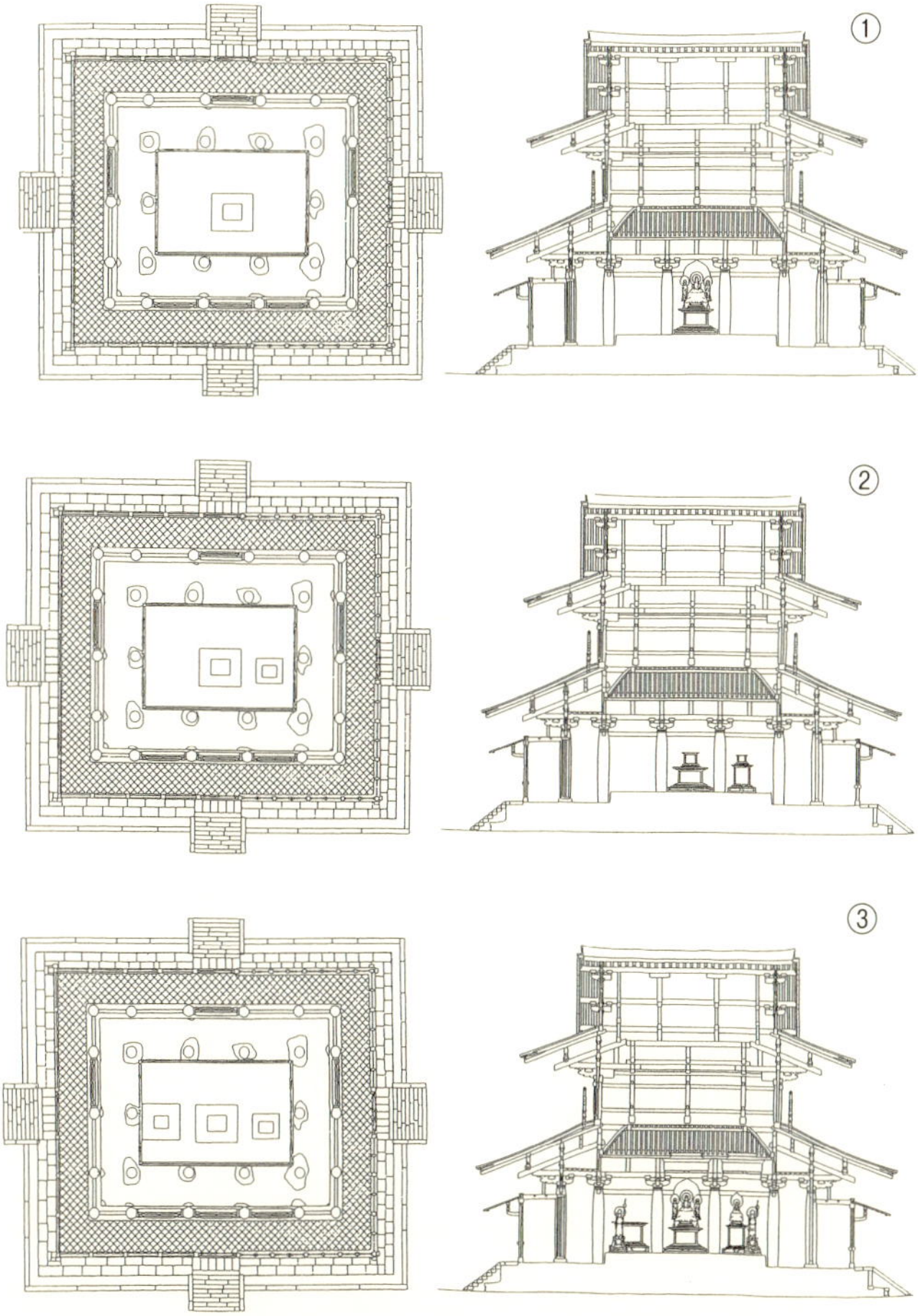

法隆寺金堂平面図と台座の配置

性は高い。そのために内陣の基壇の裏が広く確保されていたことがわかる。その空間には太子にゆかりのある品々が納められていたことが想像できる。太子に関わるものは、上宮王院夢殿が完成したときに移されたのかもしれない。なお、金堂は本尊とともに寺宝を安置する慣習が受け継がれたらしく、昭和一六年（一九四一）ごろまで玉虫厨子や橘夫人厨子、百済観音像など他の寺院から移された可能性の高いものを安置していたのである。おそらく金堂を建てたころから、本尊の後にある空間は寺宝を安置することを計画した空間であった可能性は高い。

釈迦三尊像台座裏の文字が語るもの

「昭和資財帳」編纂の調査もいよいよ佳境に入ったころ、金堂の釈迦三尊像とその台座から多くの新事実が判明した。

釈迦三尊像が坐す上壇の台座の東面の内側から、一二文字の墨書が発見したのである。その文字の上部の左に鳥、下部の中央に魚が描かれており、この墨書と絵にはなぞめいた意味が込められているようにも感じられた。

相見丂（兮）陵面　楽識心陵了時者

〔「陵面に相見えよ、識心陵了を楽（願）う時は（陵墓に葬られている人の心が鎮まるよう願うのであれば、陵墓の前で死者と対面せよ）」と解釈できる。〕

その読み方については、インド哲学者として名高い中村元や古代日本語学の稲岡耕二（東京大学教授）、文献学の鬼頭清明（東洋大学教授）などの専門家に検討をしていただいた。

そしてその時点では、つぎのように読むのが良いのではないか、という結論に達したのである。

「陵にねむる被葬者の魂を鎮めるためには、陵にお参りしなさい」（現在では「陵」でなく、「凌」と読むべきであろうとする見解が出ている）

もし仮にこのように読むとすれば一二文字が語っている陵は、どこの、誰を葬った陵なのか、という肝心の主語的な言葉が欠けていると私は感じた。

そしてその陵は聖徳太子の陵墓（大阪府南河内郡太子町にある陵墓）ではないか、とする説も出された。

私もこの文字が解読されたころは、釈迦三尊像が太子等身の像であることから、「太子の陵にお参りするように」と理解すべきであると考えたこともあった。ところがその意味を、かみ締めれば、かみ締めるほど、どうしても不自然なものを感じたのである。

もし、太子を葬った陵を指しているのならば、なぜ釈迦三尊像の光背の銘文の中に太子の陵へ参拝する文言を明記しなかったのだろうか。

しかもどうして、人目につかない台座の裏に密かに記す必要があったのか。疑問はつのるばかりであった。

陵に参拝を促すものであれば、あえて人目につかない台座の裏に記したことが不自然となる。むしろ公に出来ないような深い意味を含んでいるように思われるからである。

そのような推理によって、最終的に台座の裏に書かれている陵は法隆寺の近くにあって一三世紀からミササキと呼ばれていた藤ノ木古墳ではないかという考えがクローズアップされてきた。

その藤ノ木古墳の被葬者二人の内、北側の人物は二〇歳代の男性（年齢は流動的である）で「玉纏太刀」「銅製大帯」「金銅製履」「金銅製冠」など豪華な副葬品を携えているにもかかわらず、被葬者はきわめて不自然な埋葬状態であるといわれている。しかも、その被葬者を非業の最後を遂げた崇峻天皇とする伝承もあった。

崇峻天皇は崇峻五年（五九二）に蘇我馬子によって暗殺され、殯もされずに即日葬ったと『書紀』は記している。それと藤ノ木古墳の被葬者の状況や釈迦三尊像の台座の墨書の意味が、不思議なほど符合をしていたのである。そのことから私は、釈迦三尊像の台座の墨書が語る陵は藤ノ木古墳ではないのか、と推論をしたのである。しかし、現在では一二文字の読み方については異論が出されており、なぞにつつまれた墨書となっていることを特記するにとどめたい。

釈迦三尊像台座に使った転用材のなぞ

金堂の釈迦三尊像を安置する下段の台脚部裏から、墨絵の天部像と墨書が発見された。天部像は台脚部の裏側に墨で描かれており、それは台座の東面に描かれている天部像の下絵である。

そして台脚部の部材からは「尻官《しろのつかさ》」や「書屋《ふみのや》」「辛巳歳《かのとみのとし》」などの墨書が見つかった。

尻官や書屋は、「上宮王家の内部組織」である田畑や書類を管理する施設を示す語義の一部であろう、とする見解もある。

しかも辛巳歳は推古二九年（六二一）であることも決定的となったのである。その年は太子が亡くなる前年にあたる。

「昭和資財帳」の総合調査によって、釈迦三尊像が造顕された推古三一年（六二三）に、台座も同時に一具として造られたものとする意見が有力となった。

この台座が推古三一年に造られたとすれば、さきに発見された一二文字の墨書と絵画もそのころに書かれたものとなる。

しかも、この台座の台脚部の部材が何らかの建物の部材を転用していることが明らかとなったのである。

やがて奈良国立文化財研究所による精査によって、宮殿か僧房のような住居の扉周りに匹敵する規模の建築部材であろうとの見解が出された。

もし建物の扉周りに匹敵する規模となれば、法隆寺の近郊に住んでいる「社会的地位の高い人物の住居」が浮かび上がってくる。

それは必然的に宮殿を意味する。

その地域性から見て太子の宮殿の可能性が高まり、その台座が作られた推古三一年の前年に太子が薨去された飽波蘆垣宮の宮殿を髣髴とさせる。

私は、太子そのものである釈迦三尊像を安置する台座の用材に、太子が亡くなった宮殿の部材を使用することによって、その釈迦三尊像を生身の太子そのものとしてより強く結びつくようにしたのではないか、と感じた。

そのような意識が潜んでいたからこそ、「当に釋像の尺寸王の身なるを造るべし」という釈迦三尊像の光背銘になったと私には思われてならない。

そのような理由からも、「宮殿の転用材説」を捨てがたいのである。捨てがたいというよりも、むしろ「それを信じたい」というのが偽らざる心境である。

その転用材から再現した建物の柱の直径が四二センチあった。扉の幅は各六〇センチで幅一・二メートル、高さ約二メートルの実用的な出入り口であることも判明した。

なお、奈良国立文化財研究所の指導によって、寺社建築の匠として活躍している滝川昭雄が、転用材から推測される扉廻りの部分を原寸大で再現をしていることを特記しておきたい。

金堂阿弥陀坐像台座のなぞ

金堂内陣の西に、阿弥陀如来坐像（鎌倉時代）を安置している。資財帳調査のときにその台座の天板の中央に、直径六五〜七〇センチの円形の痕跡が確認された。それは台座を製作（七世紀中ごろ）したときに漆を塗り残したもののらしく、円形座の仏像を安置するための目的で台座を作ったことを示すものである。阿弥陀如来坐像台座の存在は、『金堂日記』（平安時代）にも記載がない。しかも法隆寺には円座の仏像がないのである。そのことから、他の寺院から金堂へ移した台座と考えることも可能となる。

もし、他の寺院から移納したものとすれば阿弥陀如来坐像が造られた貞永元年（一二三二）より以前の一二世紀ごろに金堂に移納されたことが推測される。かつて、その台座を所蔵していた寺院は、太子を通じて法隆寺と深い繋がりがあり、しかも、一二世紀ごろに衰微をしていた寺院という可能性も出てきた。

そのような理由から、私は中宮寺の如意輪観音像を安置していたのではないかという仮説を抱くこととなる。

それは、中宮寺が荒廃したときに法隆寺へ仏像や仏具が移納されたとする伝承にもとづくものである。『古今一陽集』には、中宮寺が荒廃した時期に天蓋や古仏などの宝物が法隆寺へ移されたと記している。

とくに、一二世紀には中宮寺から梵鐘が法隆寺へ移され、応保三年（一一六三）に、その梵鐘を懸ける東院鐘楼を造立している。

これによって、中宮寺の荒廃にともなって仏像や仏具などが法隆寺へ移された中に台座も含まれていた可能性が高まる。そして、金堂の西に阿弥陀如来坐像の台座が置かれていたことを伝える記録が登場する時期ともほぼ符合する。一二世紀ごろに阿弥陀如来坐像の台座が中宮寺から法隆寺金堂に移納されていたが、その伝来がわからなくなりつつあったころに台座に安置する仏像を造ったと私は考えたい。一三世紀のはじめになって、太子信仰の高揚と法隆寺の復興の一環として、間人皇后の本地

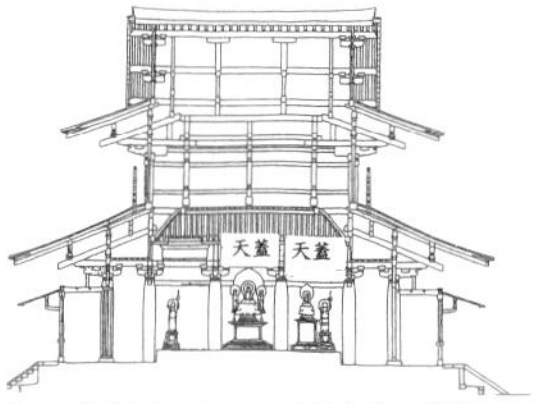

①11 世紀ごろまでの金堂内陣の状況。

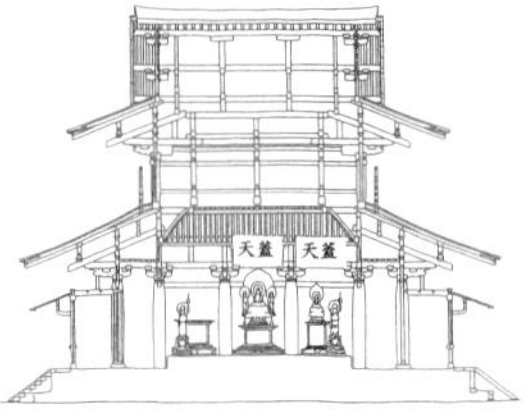

②13 世紀ごろに金堂の西間へ台座が移入？

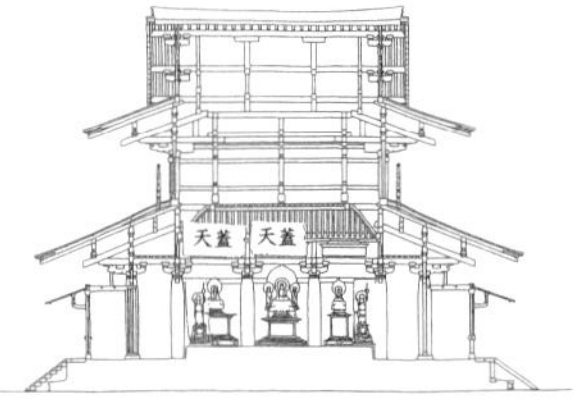

③貞永元年（1232）西間に造顕した阿弥陀三尊像を安置し、東間の天蓋を西間に移す？

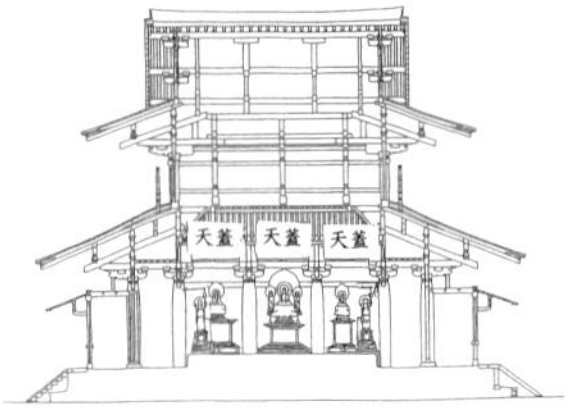

④天福元年（1233）東間の天蓋を新調。

法隆寺金堂安置仏像の変遷

として造顕した阿弥陀如来坐像が承徳年間に盗難にあったとする伝説が作られたのかもしれない。

しかも、そのときに東の薬師如来坐像と同じ大きさの阿弥陀如来坐像を新造して安置したのではないだろうか。それによって、釈迦三尊像を中央に、東の薬師如来坐像と西の阿弥陀如来坐像の仏像自体の均衡は保っている。しかし西の台座は中央や東の台座よりはるかに大きく、金堂内の空間のバランスを崩しているのである。西の台座は本来的に金堂内に安置する計画のもとに製作されたものではなく、他の場所から移納された可能性が高くなる。しかも阿弥陀如来坐像を造立した翌年の天福元年（一二三三）に、東の薬師如来坐像の天蓋を新造していることは、きわめて不可解でならない。私はそこに何らかの作為的なものを感じる。

しかも阿弥陀如来坐像の新造にともなって、承徳年間の盗難のことを史実とするために古くから西の阿弥陀如来坐像が存在していたことを強調する必要があ

西壇に救世観音像を安置した場合の模式図

ったのかもしれない。そのために東壇の薬師如来坐像に付属する古い天蓋を、意図的に西壇の阿弥陀如来坐像の頭上へ移した可能性も出てくる。私は、西壇に古くから阿弥陀如来坐像が安置していたことを裏付けるために、像が盗まれて虚しく台座だけが置かれていたとする光背の銘文を作ったと推測したい。なお、最近この台座に夢殿の救世観音像を安置していたのではないかとする見解があると聞く。しかし救世観音像と台座のバランス、金堂内の仏像の高さの比較などからも、私はその見解を机上の空論のように感じる。

金堂阿弥陀坐像台座から発見した人物像

平成四年（一九九二）の夏に釈迦三尊像台座、阿弥陀如来像台座、薬師如来像台座、玉虫厨子、橘夫人厨子の比較調査が行われた。それには法隆寺昭和資財帳編集委員をはじめ奈良国立博物館、奈良国立文化財研究所などから多くの専門家たちが参加をしていた。

調査場となる聖徳会館への台座の搬入作業を行っていたときのことである。にわかに激しい雷雨となり、その作業を中断せざるを得ない状態となった。その待機時間を利用して、私はすでに搬入して

法隆寺金堂阿弥陀坐像
台座裏　墨書人物画
（トレース）

いた阿弥陀如来像台座の内部のほこりを取り除いていたのである。

そのときに人物の顔らしいものが忽然として現われたのであった。

その容姿は、きわめてリアルに描かれており、しかも伎楽面などとも共通するような西域の香りが漂っているように感じた。

私は極度の興奮を憶えつつ昭和資財帳編纂所の職員とともに、丁寧にほこりを払ったのである。すると、高さ約二五・七センチ、幅一〇・四センチ（最大幅）の異国情緒が漂う人物の全身像が浮び上がってきた。墨で描いた人物像である。

それは鳥の羽をつけた冠をかぶり、上衣は筒そでの着物を腰でしばり、膨らみのあるズボンを足首でしぼって大きな革製らしい沓を履く正装した男性像であった。これは、日本や朝鮮半島の服飾史の研究にとっても貴重な資料である。

その発見はすぐさま大きな話題となり、飛鳥時代に朝鮮半島から渡来した使節の姿ではないかとする見解が出された。

その後の調査によって、高句麗の礼服に符合することが確認された。とくに、これとよく似た人物の服装は、中国陝西省乾県にある章懐太子墓の弔問図に描かれた人物に共通することも判明した。

章懐太子墓の壁画は、唐代に朝鮮半島の国々の使節たちが弔問のために長安を訪れたときの様子を描いたものである。

その中に描かれている人物の一人は羽冠をかぶり、赤い襟、広袖の白い袍服を着て、幅のある束帯をつけ、黄色い靴を履いている。

その服装には、台座から発見した人物像と共通するものがあった。台座の人物像が、もし高句麗の人物であるとすれば、日本に紙墨を伝え、金堂の壁画を描いたと伝える高句麗の曇徴《どんちょう》や、天寿国曼荼羅の下絵を描いた画師の高麗加西溢《こまのかせい》などの存在を思い浮かべずにはおれない。おそらく、それらの流れを汲む画師たちが朝鮮半島にある母国への望郷の念を抱きながら、筆を走らせたのかもしれない。

この人物像は、七世紀に描かれた人物絵画として高松塚古墳壁画とともに日本と朝鮮半島との深いつながりを示す第一級資料の発見となったのである。

太子とその一族を供養する五重塔（五重塔心柱伐採年代のなぞ）

法隆寺が天智九年（六七〇）に焼失したとしても、持統七年（六九三）のころにはすでに金堂を中心とする伽藍がほぼ完成に近づいていたらしいことはすでにのべた。

ところが平成一三年（二〇〇一）一月に、奈良国立文化財研究所が法隆寺五重塔の心柱の伐採年代は五九四年であることを発表して大きなセンセーションを呼んだ。昭和五五年（一九八〇）から奈良国立文化財研究所で年輪年代法の研究がはじまっていた。

法隆寺では昭和大修理のときに、五重塔の心柱（桧材・八角形で直径八二センチ）が腐食していたためにその根継をしたことがあった。腐食した部分を切り取って新材で補う必要が生じたのである。補充をする新しい材として昭和二四年（一九四九）に長谷寺（桜井市）の境内にあった桧材が提供された。そのときに切り取った心柱の腐食部材を保存していたのである。その一部は年輪研究用として、現京都大学からの要請で同農学部へ寄贈をしている。そしてその残部を法隆寺で保管をしていた。

それらを計測すると心柱は五九四年に伐採をしていたことが判明したのである。これによって心柱は「三宝を興隆する詔」が出された推古二年（五九四）に伐採をしていた可能性が高まることとなる。伐採の年代を測定した『年輪年代法』とは毎年の日照り、雨量、災害などの条件によって幅に違いが出る木の年輪の性質を利用したもので、一定地域では年輪が同じパターンになるため、調査する木の年輪幅を標準パターンと照合して伐採年代を測定する方法のことである。

「樹種形状ヒノキ・八角形（直径八二センチ）残存最外年輪測定年代・五九四年」

この発表は、法隆寺再建問題に大きな衝撃を与えた。それはすでに触れたようにどうしても五重塔の建築様式や多くの資料から、再建年代は七世紀末から八世紀初頭を揺るがすことが出来ない。あまりにも古すぎるのである。そのために、心柱の『転用説』や『貯木説』が提唱された。

①**転用説**とは他の寺院の心柱から転用したとする。しかし心柱の大きさからして若草伽藍からは不可能である。それは心柱の直径は七八・二センチであるのに対して若草伽藍の心礎に残る心柱の痕跡が直径七〇・五センチであることによる。大きな心柱から小さい心柱への転用は可能であるのに対し

て、その反対は不可能であるからである。また、『隠された十字架』の著者としても名高い梅原猛は飛鳥寺からの転用説を提唱している。しかし飛鳥寺の塔は建久七年（一一九六）に落雷のために焼失するまでは現存していたことから、飛鳥寺からの転用は不可能であるとする見解もある。

②**貯木説**とは推古二年の「三宝の詔」によって多くの寺院の建立が計画されたために、とくにその年に多くの樹木を伐採して、貯木していた可能性がある。まさに五重塔の心柱の伐採年代は推古二年（五九四）と符合する。

そのことから、心柱は推古二年の詔によって伐採した用材を再建するときに使用した可能性が高まったのである。

それに関連して、法隆寺には伏蔵の中に補充用の材木や瓦を埋めているという興味深い伝説がある。

『太子伝私記』

「次に塔の前に石がある。これを御拝の石と呼ぶ。廻廊の西南の角にあり伏蔵の蓋の石という。此の廻廊の西南の角《すみ》の下には瓦六万枚を焼き埋めている」

「此の伏蔵には造木《つくりぎ》一千枝、如来の舎利二千粒をすべて此の内に埋めて置く云々」（要旨）

このような伝説は中世のころに生まれたものと思われるが、用材や瓦などの建築資材のスペアを蓄える慣習があったことを示す資料として注目すべきであろう。なお、心柱については元奈良国立文化財研究所所長の鈴木嘉吉は、つぎのような見解を述べている。

○（法隆寺五重塔の）心柱の添木は一度もはずされた痕跡がない（他の寺院の塔からの転用はありえな

い）。

○五重塔の心柱が早く空洞化したのは、もともと心柱材の芯が腐って中空となっていたためであろう。

○杣山《そまやま》では伐採時に根元が腐朽していたため一たん放置されたが、太子所縁の伝えが残り、現五重塔建立時に探し出して用材となった。

これに対して私の見解は、つぎのようなものである。

○金堂や五重塔の用材は、太子のために釈迦三尊像を本尊とするための伽藍に使用しようとして、山背王が備蓄していた（五九四年に伐採した用材）ものを現伽藍を再建するときに使用したのではないだろうか。

山背王は太子のために多くの寺院を造ったり、拡張工事をしていることから上宮王家には相当量の備蓄材があった可能性が高い。

○山背王が備蓄していた用材や若草伽藍の塔に安置していた舎利容器などを、現伽藍を再建するときに使ったのではないだろうか。おそらく、法隆寺は太子が建立した伽藍のままであるとする信仰を大切にしたのであろう。舎利容器については、九州国立博物館館長三輪嘉六のつぎのような見解がある（『舎利容器の複製品―法隆寺に因んで―』三輪嘉六・史窓余話・国史大辞典付録）。

「法隆寺再建論では、この若草伽藍こそが天智天皇九年に雷火で炎上した法隆寺であるとするが、発掘調査の所見では火災を示す焼土、灰などの痕跡は認められていないだけに未だ問題は残っている。

しかし、法隆寺五重塔が和銅年間（七〇八～七一五）辺りの築造という所説に従うとき、舎利容器のもつ古様はそれ以前の製作時期を示しているが、この古様さの理由は、もともと若草伽藍に納置されていたものを法隆寺五重塔造営に際して、再度用いたためと考えたい」

なお、心柱の芯が腐朽していたために未使用にしていた用材を再び利用したものではないかという見方に対しては、五〇～七〇年という長期間にわたって放置していれば、なおさら腐朽が進行して五重塔の心柱として使用が出来なかったのではないだろうかと考える。そのため、放置した木材や他の寺院からの転用材ではなく、上宮王家が斑鳩宮で備蓄をしていた用材を再建に使用したと考えるのが自然というものではないだろうか。

そのような理由から現五重塔を上宮王家の一族が自害された聖地であるとする伝承が生じ、『現身往生之塔』と呼ぶことになったのかもしれない。

『太子伝私記』

「此塔は現身往生御塔と云う。太子ご入滅後二一年を経て（皇極二年（六四三））一一月一六日の朝に、山背王子を始め二五人の諸王子たちは西方に飛行した。そのために人びとは現身往生御塔と呼ぶようになった」（要旨）

しかし、これもあくまで一つの推論に過ぎるものではない。

ここに一つの問題を提起をすることによって、法隆寺学の研鑽が前進することに期待して止まない。

①再建した現法隆寺の地域は、山背王など太子の一族が最期を遂げた場所ではなかったのではないだろうか。再建するときに「斑鳩寺被災の後、衆人寺地を定むるを得ず」(『太子伝補闕記』)とあるのは焼失した寺地に再建をしようか、太子の一族が悲惨な最期を遂げた場所を供養すべきか、ということが議論となったことと、中心となるスポンサーがいなかったことも再建を遅らせた要因だったかもしれない。

②法隆寺を再建したときの金堂や五重塔に使用した用材は、釈迦三尊像を本尊とするための伽藍に使用しようとして、山背王が備蓄していた(五九四年に伐採した用材)ものを現伽藍を再建するときに使ったのではないだろうか。

③心柱は腐朽していたために放置していた木材や他の寺院からの転用材ではなく、上宮王家が斑鳩宮で備蓄していた用材を再建に使用したと考えるのが自然というものではないだろうか。

しかしこれらはあくまでも私の推論であり、今後の研究が期待されている。

太子の霊廟上宮王院夢殿

上宮王院とは上宮王の寺院という意味である。すなわち太子の寺である。法隆寺の東方にあることから東院伽藍とも呼ぶ。その中心に建つ八角円堂の周囲に、前方には礼堂、後方には舎利殿と絵殿があり、廻廊がこの円堂を取り囲み、礼堂と舎利殿・絵殿に接続する。礼堂の南には東院南門があり、南門の左右には廻廊の南と東・西をさらに囲むように築地が延びている。そして舎利殿と絵殿の後方には、東院の講堂である伝法堂が建っている。

その中心にある八角円堂のことを古くから夢殿と呼ぶ。この夢殿が斑鳩宮に太子の時代から存在していた仏殿のこととする。太子が経典の字句を理解できなかったときに仏殿に入って瞑想されたところ、夢の中で教示を受けられたという伝説に由来する。そのような故事によって太子信仰が高揚しつつあった平安時代ごろから、夢殿と呼ぶこととなったらしい。

昭和九～一四年（一九三四～一九三九）にかけて行われた舎利殿の解体修理のときに、その周辺を発掘調査をした。やがて昭和一四年の秋に早くから期待をされていた斑鳩宮の遺構が、その姿を見せはじめたのである。皇極二年（六四三）一一月に蘇我入鹿によって焼かれた斑鳩宮址は、伝承通りその地下に眠っていることがわかった。そこには掘立柱の建物跡を示す柱穴があり、その方位が西へ約二〇度振れていることも確認された。しかも焼土や仏殿に使われていたと見られる瓦などの発見もあり、それが斑鳩宮の一部であることが決定的となったのである。とりわけ宮殿の跡から瓦が出土したことは、宮殿内に瓦を葺いた仏殿が建っていたことを示す大発見でもあった。

なお、この発掘において初めて、礎石をもたない掘立柱の遺構が確認され、その後の古代宮殿遺跡の研究に大きな貢献をしたことを特記しておきたい。

その事情は発掘を担当した浅野清の『古寺解体』（学生社）には、つぎのように記している。

「斑鳩宮跡の発見・伝法堂は『東院資財帳』にも記すとおり、はじめから瓦葺の堂であったので、その下から東院創立時の掘立柱が出るはずはなかった。（中略）伝法堂の地下は東院創建以来掘り返されたことのない土地であるから、遺跡の重複もないはずで、しらべるには最適の場所である。そう考えたので、礎石据えつけのため、その敷地内に一メートル角ほどの穴を三十四個も掘る機会に、偶然その遺跡に遭遇しないか、注意していた。そしてたった一か所、昔の掘立柱の掘穴と一部重なっているのを発見したのである。これが斑鳩宮遺跡発掘の瑞緒であった（昭和十四年十一月十五日）」

なお、この舎利殿の付近からは鎌倉時代の修理のときに、斑鳩宮のものと思われる柱根を発見したとする記録がある。そのころの人びとはそれを斑鳩宮の門の遺構であると思ったと記している。

なお、この東院伽藍は、太子の聖地である斑鳩宮が空しく荒れるのを見て悲嘆感涙した行信という僧が創建することを発願したのである。行信は春宮坊阿倍内親王（のちの孝謙天皇）に奏上して天平一一年（七三九）四月一〇日、河内山贈太政大臣（正三位藤原房前朝臣）をして、斑鳩宮の故地に上宮王院（東院）を建立したと伝える。行信は天平八年（七三六）に皇后宮職《こうごうぐうしき》の大進安宿倍真人《あすかべのまひと》らを率いて、道慈《どうじ》を導師として、僧尼三百余人を集めた法華経の講読を行ったとする。こうした点をみても、行信は、朝廷内でも相当の政治力をもっていた僧であることがわかる。東院創建という偉業も、おそらくその力によってなされたのであろう。この時代に光明皇后や橘夫人《たちばなのぶにん》（橘三千代。光明皇后の母）などから、多くの施入物があったのも、行信との深い関係を示すものと思われる。その伽藍の中心にある夢殿の堂内には、中央に八角の須弥壇が二段、花崗岩で築かれており、その壇上の中心には本尊救世観音像が安置されている。また本尊の頭上にあたる円堂の屋根には金銅製の宝珠が輝いている。この宝珠の形が法隆寺五重塔西面塑像群の舎利塔と類似していることから、夢殿は一種の塔婆とみられると同時に、本尊上宮王等身（太子と等身）の観音像を安置する金堂の役割をも兼ねている建物ということにもなる。また、昭和の解体修理にともなう発掘調査の結果では、夢殿の四方を廻廊をもって囲い、北廻廊の外に七丈屋（絵殿・舎利殿の前身建物）と伝法堂が建っていたことが確認されている。

したがって、この伽藍配置はそのころの寺院様式とは異なり、夢殿を中心とする特殊な形式であることが明らかとなった。では、どうして伽藍の中心に円堂が建てられたのだろうかという疑問が生じる。円堂とは一般的に故人の供養堂の意味をもっていたものとされており、まさに、この円堂こそは太子の供養堂ということになる。

行信がこの伽藍の建立を計画するにあたっては、まず中心建物である円堂の位置を入念に検討し、そこを基点として他の建物の配置を決定したはずである。まさにこの地点を行信が円堂建立に選んだということは、この場所こそが斑鳩宮の内でも最も意義深い場所であると考えていたからではないだろうか。しかし、残念ながらそれを立証する遺構は確認されていない。

やがて行信たちは待望の上宮王院を完成させるとともに、そこへ太子ゆかりのものと伝える品々を蒐集している。しかも、光明皇后や橘夫人をはじめ行信などの法隆寺僧、元興寺僧から施入したものも多く含まれているのである。

このように上宮王院は、行信を中心とした太子を渇仰する人びとによって、太子の供養堂として建てられ、そこに太子の遺物と伝える品々が集まることによって、太子景仰のメッカとなったのである。

なお、この上宮王院は法隆寺とは別の寺院として建立され、法隆寺とはまったく異なった組織の寺院であった。それは、法隆寺と上宮王院それぞれに財産目録（資財帳）があることからも明らかである。上宮王院が現在のように法隆寺の翼下に含まれるのは、一二世紀前半のころからであった。それは経尋という法隆寺の別当（一一〇九〜一一三二）のころに、上宮王院の院主であった隆厳を辞めさせて法隆寺別当が支配したとあり、永久四年（一一一六）には完全に上宮王院院主職を停止し、法隆寺の支配下に入っている。なおこの上宮王院の建立の目的は太子を供養することであり、太子のご命日である二月二二日の忌日法要を行うことも大きな建立目的の一つであった。やがてその法要のことを聖霊会と呼ぶようになる。その聖霊会は、上宮王院が完成をしたであろう天平二〇年（七四八）ごろからはじめられたと伝える。

第三章　時代に息づく太子信仰

七種宝物　真鈴（『御宝物圖繪』）

太子への敬慕

七世紀の終わりころから太子を敬慕する機運が高まった。『書紀』にも太子を超能力者と捉える記事があり、『帝説』にも古い太子に関する説話類を集成している。そして『太子伝補闕記』には、奇異な説話なども加えられるようになった。これらの説話の中には、太子を超人的な偉聖者とするために粉飾をしたものがかなり多く含まれている。

とくにその中には仏教説話や神仙思想（中国古代の神通力を得た仙人）の影響が取り入れられて、太子の実像からはほど遠い姿となっているものが見られる。

やがて、このような説話や予言は、太子信仰の展開において中心的な役割を果たすこととなる。治暦五年（一〇六九）には、この『聖徳太子伝暦』（以下、『太子伝暦』と略記）にもとづいて東院の絵殿に太子の一代記を描いている。これは現存する絵伝としては最も古い。この絵殿では絵解きが行われた時代もあり、太子信仰を布教する中心的な道場となっていた。

とくに寛弘四年（一〇〇七）に、四天王寺の金堂内から太子自ら朱肉で二五面の朱印を押した『御手印《ごしゅいん》縁起《えんぎ》』が発見されたという。それがその後の太子信仰の展開に大きな影響を及ぼすこととなる。

その縁起には四天王寺は釈迦が説法を行った場所であり、宝塔と金堂は「極楽浄土東門の中心なり」と記していたのである。

それによると四天王寺には、本尊を安置する敬田院（仏に帰依し、仏の境地に到達をする所、仏と菩薩のいます所）や施薬院（病人に薬を処方する施設）、療病院（病人の入院する施設）、悲田院（年老いた人を収容介護する施設）があり、仏教の福田思想による貧民の救済の道場となっていたと伝える。

それと歩調を合わせるかのように、天喜二年（一〇五四）九月二〇日に磯長の太子廟の近くから発見した『太子未来記』（太子が日本の未来を予測して記し留めたものとする）なども登場してくる。

そして『梁塵秘抄』の「極楽歌」には、つぎのような今様歌が記されたのである。

「極楽浄土の東門は難波の海に対して開かれています。かつて釈迦如来が説法されていた四天王寺の西門が難波の海を隔てて極楽浄土の東門に向かって開いているのです。だから念仏を唱える人は四天王寺の西門に集まりなさい」（要旨）

やがて、それらが法隆寺や太子墓所の叡福寺などでも大きな影響を受けつつそれぞれ独自の太子信仰を展開することとなる。とくに法隆寺で行われる聖霊会の『太子講式』（太子の遺徳を讃えた漢文読み下しの講讃文のこと）の「訓伽陀」（仏教歌謡の一つで、和文で教えを述べたものに節を付けて唱和をする。平安時代末期から鎌倉期に作られている）の中に、この極楽歌が唱えられている。

都が奈良から京に移ると、古い伝統をもつ奈良の仏教に対し、天台宗、真言宗といった新しい仏教が興ってくる。

天台宗の開祖・最澄は、「伝述一心戒文」のなかで、「聖徳太子こそは、中国天台宗系の高僧慧思《えし》禅師の生まれ変わりであり、自分はその子孫である」と述べている。太子が慧思禅師の後身であるとする伝説は、すでに奈良時代の末ごろから生まれていたらしい。

慧思は中国の天台宗を開いた智顗《ちぎ》の師にあたり、竜樹《りゅうじゅ》、慧文《えぶん》と続いてきた天台系の学統を継ぐ高僧であった。太子がその慧思の生まれ変わりだという伝説は、天台宗が根本の教義としていた法華経を、太子が尊信していたために生まれたものであろう。太子が法華経の本格的な註釈書である『法華義疏』を著したとされることはよく知られており、日本に法華経をはじめて弘めたのは太子であったといっても、過言ではない。

最澄はそうした太子との法縁を掲げることによって、新しい勢力である日本天台宗の開祖としての立場を、日本における最初の仏教者の系譜のなかに、正当化をしようとしたのではないだろうか。最澄にとって先覚者太子の存在は、法華経を尊ぶことで時代を超えてつながることのできる、信仰の拠《よ》りどころであったのかもしれない。

その最澄は法隆寺を訪ねたことはなかったらしい。四天王寺《してんのうじ》との縁を深めている。天台宗と並ぶ平安時代以降の仏教勢力である真言宗の開祖・空海にも、聖徳太子の生まれ変わりとする信仰がある。法隆寺にある弘法大師画像の墨書銘にはつぎのような記載がある。

「弘法大師（空海）はインドでは勝鬘夫人、中国では慧思禅師、日本では聖徳太子として生まれた。これらすべて観音の権化である」（要旨）

なお、太子が観音の生まれ変わりだという信仰が、一般的に信じられるようになるのは、平安初期に書かれた『太子伝補闕《ほけつ》記』や『太子伝暦』といった伝記が作成されたころである。

法隆寺を訪れた藤原道長たち

藤原氏の全盛時代を築いた藤原道長も、太子を信仰した一人であった。

道長の時代を描いた歴史書『大鏡』には、「道長は凡人とはみえず、神仏の化身ではないか、太子か弘法大師の生まれ変わりではないか」と記している。同じように『栄花物語』も、四天王寺にある太子の日記には、道長は太子の生まれ変わりと受けとれる文章がある、ということを記している。

ここにいう太子の日記とは、寛弘《かんこう》四年（一〇〇七）に四天王寺でみつかったという『御手印縁起《ごしゅいんえんぎ》』のことであろう。太子信仰が高まったころには、宮中の貴族たちの間でも、大阪の四天王寺に参詣することが流行していた。『御手印縁起』は、この太子信仰を確固たるものにしようと、四天王寺の僧たちが作りあげたものではないかという説もある。もしそうなら、その記述のなかに、時の権力者・道長を意識した部分があるのも当然かもしれない。

道長自身も、太子の生まれ変わりという説を充分に理解していたらしく、法成寺《ほうじょうじ》などの寺院を造営し、古い寺には多くの浄財を寄進している。

その道長が法隆寺には、治安《じあん》三年（一〇二三）一〇月二六日に訪れている。そのとき、つぎのような歌を詠んでいる。

「王《おおきみ》の御名をば聞けどまだもみぬ、夢殿までにいかで来つらん」

道長はまず『太子伝暦』などで有名になった夢殿を中心とする東院伽藍に参詣し、太子ゆかりの宝物を拝観している。法隆寺に参詣したあと、道長は河内《かわち》に出て四天王寺に参詣、そして京へ帰った。そして、すぐに法隆寺の伽藍が荒廃していることを取り上げ、朝廷に修理が必要であることを指示している。それによって東院伽藍の修理が実現したのである。

もっとも、平安時代を通じて、太子信仰の中心は大阪の四天王寺であり法隆寺は太子信仰の面ではつねに四天王寺の風下に立っていた観が強い。

法隆寺の復興に努めた高僧たち

平安京（京）で栄華をきわめた朝廷と貴族の力が衰え、鎌倉に武家による政府が誕生するという、一大変革期を迎えたのが、鎌倉時代である。

こうした時代に奈良の仏教界も復興期を迎えた。そのころ法隆寺は興福寺の支配下におかれていたが、興福寺の教学や行事などを吸収し、むしろ飛躍的に発展をしている。

法隆寺の別当職《べっとうしょく》（官から任命された代表者）についた興福寺の範円《はんえん》、覚遍《かくへん》といった学僧たちは、法相《ほっそう》宗を振興し、勝鬘会《しょうまんえ》、慈恩会《じおんね》、仏生会《ぶっしょうえ》などの法要を始行して、大いに法隆寺の発展に努めた。また、笠置《かさぎ》の貞慶《じょうけい》、西大寺《さいだいじ》の叡尊《えいぞん》、東大寺の凝然《ぎょうねん》といった当代の高僧たちも、法隆寺の発展に大きく関わっていたのである。

こうした、奈良の仏教界が活性化した時代に、顕真《けんしん》、定朝《じょうちょう》といった法隆寺の寺僧たちも活躍している。とくに、このチャンスを活用し、太子信仰の高揚をはかり、めざましい働きをしたのが、顕真である。

顕真は、自らを調子麿の二八代目の子孫だと称していたことはすでに述べた。調子麿の系図も作られ、太子の『秘事口伝』と、調子麿の持仏の如意輪《にょいりん》観音像が、その家系に伝わっていることを主張している。その著書『太子伝私記』（正確には『聖徳太子伝亦名古今目録抄』二巻）のなかでは、つぎのように記している。

「調子麿はわが国に仏教を伝えた百済国聖明《せいめい》王の宰相の子で、日本に送られ、そこで用明天皇、間人皇后から〝太子に随《したが》え〟と命ぜられて、終生太子につき従った舎人《とねり》である。法隆寺の三綱《さんごう》（寺の庶務を担当する責任者三人）は、この調子麿の子孫が継ぐことになっている。」（要旨）

さらに顕真は、「聖武《しょうむ》天皇宣旨《せんじ》状」を作って、調子麿の子孫が法隆寺で特別に扱われるべきだということを、天皇の命によって正当化しようとしたらしい。それは、調子麿という人物をつくり出すことによって、法隆寺の太子信仰をゆるぎないものにしようとしたのではないかという見解もある。

たしかに、太子一族が滅びてしまってからは、法隆寺には法統を守る人的な系譜が欠けていたのである。顕真はそれを痛切に感じ、みずからが乗り出したのかもしれない。

その顕真は学僧としての実力もそなえた人物であり、奈良の高僧の間でもその存在は知られていたらしい。

それを証明するものは『聖皇曼荼羅』の作成と、『太子伝私記』の著述である。『聖皇曼荼羅』は、太子にゆかりの深い人びとや、『十七条憲法』『三経義疏』などの遺業を顕真の太子観にもとづいて曼荼羅風に描いたものである。顕真はこれを、東大寺の円照《えんしょう》の協力を得て、画師の尭尊《ぎょうそん》に描かせている。そして建長七年（一二五五）には、東大寺戒壇院でその開眼供養を行い、その後、上宮王院（東院）でも改めて惣供養を行っている。尭尊は、西大寺・叡尊のもとで文殊《もんじゅ》菩薩などを描いたことで知られている画僧である。これらからも顕真が、南都の仏教界の協力を得られるに足《た》る人物であったことを示している。

また学徳のほまれ高い当代の高僧・叡尊も、顕真の勧めによって、調子麿の持仏であったとする六臂《ろっぴ》観音（如意輪観音）像を修理している。叡尊の修理の経緯については像底の墨書銘に記されている。

顕真の『太子伝私記』は、鎌倉時代の太子信仰の高揚を背景として記されたものである。太子伝や法隆寺に関する諸記録を集大成している。この著書によって、そのころの伽藍の様子や仏像、宝物の安置状況が明らかになり、法隆寺研究にとって不可欠の史料となっている。

この顕真の活躍もあって、鎌倉時代には法隆寺の太子信仰が高揚し、堂塔や仏像の修理が盛んに行われた。東院では中門を礼堂《らいどう》に改造し、鐘楼や四脚門なども造立している。西院では西円堂《さいえんどう》と上御堂《かみのみどう》が再建され、三経院や聖霊院が今日の姿に整えられたのもこの時代である。

とくに弘長元年（一二六一）には後嵯峨上皇の法隆寺行幸にあたり、境内が整備され南大門の前に松並木も造られた。その行幸のときに、後嵯峨上皇を諸堂に案内したのは顕真であった。

頼朝、義経と法隆寺

鎌倉時代の武家の中には太子を信仰していた人もいたという。それは、太子が一六歳で物部守屋《もののべのもりや》の軍と戦って勝利をおさめたという、武人太子のイメージが作用していたのかもしれない。武人の信仰は、たえず死と直面しての信仰であり、その根底に、戦勝し、生き残りたいという祈願がこめられていたことは、偽らざるところであろう。

鎌倉幕府を開いた源頼朝は、不幸な幼少年時代を過ごしたこともあり、仏の教えを尊び、寺院を建立したり、寺領を保護するのにも熱心であった。平安時代の末に、平重衡《しげひら》によって焼かれた東大寺大仏殿の再興にあたっても、財政的援助をおしまなかった。建久六年（一一九五）に、その東大寺大仏殿の落慶開眼供養法要にも参列をしている。そして京に上った頼朝は、政子《まさこ》とともに四天王寺に参詣し太子の霊前に剣を献じたと伝える。

残念ながら、頼朝は法隆寺には参詣していない。しかし法隆寺には頼朝寄進と伝えられる法具が遺っている。聖霊会に行われる舞楽用の面、太鼓、舞楽用の舞台などである

頼朝寄進の舞台は、ちょうど夢殿と礼堂の空間を埋めて組み上がるように設計されている。

なお法隆寺には、頼朝について興味深い文書が伝わっている。それは、義経《よしつね》を追討中のもので、鎌倉幕府から法隆寺に対し、「義経が前伊豆守源義顕と名前を変えて郎党とともに寺内に潜伏しているのではないか」とただしているものである。文治《ぶんじ》二年（一一八六）一二月一九日、幕府からの使者が寺

内をくまなく探索したという。そのとき法隆寺は、「義経一党はみつけしだい通報すること、これまでも法隆寺に潜んでいた事実は天地神明に誓ってないこと」の誓紙（これは偽書ともいう）を差し出している。

義経が法隆寺に隠れていたことがあったかどうかはわからないが、三井《みい》の法輪寺には、法隆寺に追手がくる前年の文治元年（一一八五）に、義経が寄進した長刀が残っている。吉野山に逃れる途中、武運を祈って太子ゆかりのこの寺に長刀を寄進したのかもしれない。

鎌倉幕府では、三代将軍の実朝《さねとも》も、熱心に太子を信仰したことが知られている。鎌倉時代の歴史を記した『吾妻鏡《あづまかがみ》』によると、実朝は太子の二歳像を描かせ、太子の命日には持仏堂で聖霊会を修したという。

執権《しっけん》のなかでは、北条時頼《ときより》が篤く太子を信仰していたといわれる。時頼は鎌倉から仏師を法隆寺へ送り、太子像を忠実に模作させている。そのとき、どの太子像を写させたのかは、法隆寺にも記録がない。なお、弘長二年（一二六二）に、時頼はそのころ鎌倉にいた西大寺長老の叡尊に、法隆寺で模刻させた太子像の開眼供養を依頼したと伝える。

鎌倉時代は、日本の仏教の再興期であった。中国大陸から禅の教えが伝わり、法然の浄土宗、親鸞《しんらん》の浄土真宗が興る。日蓮《にちれん》の日蓮宗も鎌倉期に興った。それに刺激されて、南都（奈良）の諸大寺でも、宗教活動が栄えた時代である。

とくに親鸞は、一九歳のときに河内の磯長《しなが》（科長）にある太子の御廟に三日間籠ったところ、太子が夢のなかに現れて、一つのお告げがあった、と伝える。

禅宗もまた、太子と禅宗の始祖・達摩《だるま》大師との法縁を主張している。このように、仏教は時代の移り変わりとともに新しい展開をとげていくが、そのたびに太子の姿が浮かび上がってくるのである。

法隆寺を庇護した信長

戦国時代から安土・桃山時代にかけて、法隆寺の記録に登場する人物としては、織田信長がある。法隆寺には、信長が下した掟書《おきてがき》や朱印状が残っている。

信長は、法隆寺に対して軍用金・銀子《ぎんす》一五〇両を差し出させているが、その傘下の武将たちには法隆寺から軍用金を取り立てたり、食料を調達させたり、境内を宿舎として使うことを禁じている。そのころ法隆寺は信長に恭順の意を表し、金銀、小袖などを送って、法隆寺の保護を願い出ていたのである。信長は戦勝の神としての太子を敬ったのか、あるいは法隆寺の従順な態度が気に入ったのか、法隆寺には好意をもって接していたように感じる。

信長が法隆寺に関わった出来事は、学侶《がくりょ》と堂方《どうほう》の対立抗争の仲裁を行ったことである。室町時代以来の学侶と堂方の争いがこの時代に再燃をしていた。

そのときに学侶と堂方が、それぞれに信長へ金品を送って、自分たちに有利にとりはからってくれることを期待した。その調停に乗り出した信長は、法隆寺を東寺と西寺の二つの寺に分離している。東寺は東院伽藍全域で、これを堂方が管理運営し、西院伽藍全体をさす西寺は学侶がこれを管理運営する、という解決案を示したのである。学侶、堂方ともその案に従い、法隆寺は東寺と西寺にわかれることに決している。

ところが、信長はほどなく本能寺の変で急死したために、東寺と西寺の区別は実行されなかったらしい。ただ、信長が死んだ天正一〇年（一五八二）に学侶と堂方の和議が成立し、五か条を定めた誓紙を太子の宝前に捧げている。

その後、豊臣秀吉の世となると、法隆寺はすかさず秀吉に恭順の意を表し、秀吉が関白に就任したときなどには祝儀を届けている。しかし信長の時代に一、二〇〇石あった寺領は、秀吉によって一、〇〇〇石に減らされた。秀吉の死後、豊臣秀頼が、父の菩提《ぼだい》を弔う意味で、近畿一円の古社寺の修理を行っている。法隆寺もその恩恵にあずかり、金堂、五重塔を含むほとんど全伽藍の大規模な修理を行っている。慶長五年（一六〇〇）から同一一年にわたる大工事であった。いわゆる慶長の大修理である。

この古社寺の修理事業は、豊臣家がたくわえていた莫大な黄金を放出させるための、徳川家康の策謀であったという見方が強い。

いずれにしてもそのころの寺僧たちは、法隆寺を守るのに必死であった。法隆寺の経済を守るということばかりではなく、戦いによって堂塔を焼かれるということも、ありうる時代であったからである。

太子ゆかりの堂塔を失わないためにも、寺僧たちは誇りや体面を捨ててでも隠忍自重せざるを得なかったのかもしれない。

法隆寺を修理した工匠たち

仏教が日本に伝わったときに、朝鮮半島の国々から多くの技術者たちも優れた文化を携えて渡来した。

『書紀』によると敏達六年（五七七）の一一月に百済王から経論若干巻、律師、禅師、比丘尼、呪禁師、造仏工、造寺工など六人が派遣された。それを難波の大別王の寺に安置したと伝える。また崇峻元年（五八八）にも百済から仏舎利や僧をはじめ寺工太良未太《だらみだ》、文賈古子《もんけこし》、露盤博士将徳白昧淳、瓦博士麻奈文奴、陽貴文、㥄貴文、昔麻帝弥、畫工白加が渡来している。この記録から、工匠のことを「造寺工《てらつくるたくみ》」とか「寺工《てらたくみ》」と呼んでいたことがわかる。

おそらくそのような寺工たちの末裔や、彼らから直接に教えを受けた技術者たちが多くの寺院の造営に携わったのであろう。

推古三二年（六二四）のころには「寺院が四六箇寺があり、僧侶が八一六人・尼僧が五六九人がいた」と『書紀』は記している。当然のことながら、多くの寺院の造営に従事した技能者たちも多くいたことは想像して余りある。

ところが、法隆寺の創建や再建などに従事した技能者たちのことを伝える記録はまったく遺されていない。

法隆寺の仏殿の造立や修理に関わった技能者たちのことは、一三世紀のはじめごろから記録に登場をする。

建保七年（一二一九）の『舎利殿棟札』に、「大工・土佐権守平末光・引頭大夫藤井国里・引頭大夫守治国治」とあるのが最も古い。

しかし、それらは法隆寺専属ではなく、その多くは興福寺に所属している技能者たちであった。それは一一世紀のころから興福寺の寺僧が法隆寺の別当に就任することが慣例となり、法隆寺が興福寺の指揮下に入っていったことにも関連しているのかもしれない。しばらくの間は法隆寺独自の技能者たちの組織化はなかったらしい。そのことは弘長元年（一二六一）の「岡元寺塔修理棟上（京より番匠一〇人。下鍛冶二人。大工八人）」や文永五年（一二六八）の「西室造営（番匠南都より下り被る）」など、興福寺専属の技能者たちが従事している記録からもわかる。やがて工匠たちの興福寺は建治三年（一二七七）、春日神社では弘安九年（一二八六）に組織化が行われた。そのような背景のもとに、やがて法隆寺でも技能者たちの組織化がはじまる。法隆寺では延慶三年（一三一〇）の惣社の棟上の記録に「大工四人・福寿太郎・九郎・四郎・三郎」とある。

この記録によって、法隆寺の大工制度が組織化していたことがうかがえる。そしてこれ以降の記録に法隆寺に所属する大工名が登場しているので、一四世紀ごろには法隆寺でも大工集団を組織したのかもしれない。それを傍証するものの一つに、文明七年（一四七五）ごろに法隆寺の境内末寺として修南院が建立されたことが挙げられる。この修南院は、東院夢殿の東側にあり、「珠南院や」「東林寺」と呼ばれていた。この修南院の建立は、法隆寺所属の大工組織の成立とその強い団結を意味するものである。

このように法隆寺と大工組織との結びつきを示す資料に、『文明四歳公文所補任記』（一四七二）がある。その中に「高座番匠の役也」とあるのをはじめ、大永八年（一五二八）六月二四日の「番匠大工職金剛四郎子太郎四郎補任」などの記載がある。これらの記録が法隆寺の公文書に登場する番匠大工の最も古い例である。とくに法隆寺所属の技能者たちは、その由緒を聖徳太子に結びつけることによって、その権威を高めようとしたらしい。やがて仏法を守護する四天王に擬えて上位の四人を「四大工」と呼び、工匠たちは臈次（順番）によって四大工職に補任した。やがて「法隆寺四大工職」のことが、多くの資料に登場する。その最も古いものが文禄二年（一五九三）の『新堂の棟札』である。それには、「四人大工・平多聞勘九郎・平政盛金剛善四郎・平宗次郎大夫・藤原家次勘太郎」と記している。それを裏付けるかのように『法隆寺公文所補任記』に、「補任四人番匠大工職之事」と記すようになる。

ところが、慶長一一年（一六〇六）の『聖霊院』・『南大門』・『伝法堂』などの棟札には、つぎのように記している。

「番匠大工・一朝惣棟梁橘朝臣中井大和守正清　小工・藤原宗右衛門尉宗次　寺職工・平金剛大夫政盛・藤原左大夫家次・平宗次郎」

すでにこの棟札には、法隆寺大工の組織の特徴を示す「四大工」の記載はない。それは、法隆寺の工匠たちの組織が徳川政権に掌握されたことを意味している。かつて法隆寺の四大工職の一人であった中井正清が徳川家康の庇護を受けて「一朝惣棟梁大和守」と名乗ることが許され、五畿内の大和・山城・河内・和泉・摂津と近江を含む地域の総棟梁としての破格の地位を築いたのである。

とくに正清は畿内の寺院の修造や城郭の造営にも采配を振るっており、豊臣家と徳川家の対立の根拠の一つとなった方広寺の大仏殿や鐘楼の造営にも参画をしていた。

慶長大修理の実態

豊臣秀吉の天下統一によって諸社寺の領地の多くが改易され、法隆寺でも太子が施入した播州鵤荘などが没収された。とくに天正一三年（一五八五）の秋に大和大納言豊臣秀長が大和郡山の城主となったときに、大和の諸大寺の寺領が悉く減額されることとなり、法隆寺の所領も一、〇〇〇石となった。その後、文禄四年（一五九五）に行われた検地によって、秀吉から改めて安部（奈良県広陵町）を中心とする新しい知行所が法隆寺に与えられた。その一、〇〇〇石で法隆寺を維持することとなる。南都の諸大寺の知行高については、『大日本神社仏閣御領』につぎのように記している。

「興福寺二一、一一九石・東大寺二、二一〇石・法隆寺一、〇〇〇石・唐招提寺三〇〇石・薬師寺三〇〇石・西大寺三〇〇石」（この知行高は明治七年（一八七四）まで安堵されたがその年の太政官布告によって知行は廃止された。改めて稟米二五〇石が下賜された。その後は明治一六年（一八八三）まで一二五石が下賜されている。）

この一、〇〇〇石では現状を維持するのが精一杯で、多くの堂塔を修理することは不可能であった。そのころ天下人として実権を掌握した秀吉が、天正一四年（一五八六）に京都方広寺の大仏造建を発願したのである。この大工事には全国から多くの優れた工匠たちが集められた。そのとき法隆寺の「四大工」の一人であった棟梁の中井正吉が大和の工匠たちを率いて参画し、その技量を大いに発揮した。この中井正吉は大坂城の築城にも従事したとする伝承もあるが、その真相は定かでない。やがて法隆寺の四大工職を正吉から嫡子の正清が継承した。しかも慶長元年（一五九六）太閤秀吉の死去にともなって、天下は徳川家康の手中に移った。そのときに正清の器量が家康の目に留まったらしいが、どうしたことか、その経緯や秀吉時代の正清の業績はまったく伝わっていない。正清が徳川政権の傘下に入ることによって、秀吉との関係を抹消した可能性がある。やがて天下分け目の関ヶ原の戦いに勝利した家康は、正清を側近の一人として寵愛するようになった。

家康は正清を五畿内と近江の大工頭に任命して、慶長七年（一六〇二）ごろから二条城や江戸城の造営にも関わらせた。とくに慶長一一年（一六〇六）七月一三日の後陽成院《ごようぜいいん》御所造営の手斧初《ちょうな》めのときに、正清は「従五位下大和守」に叙任された。これは御所の造営を行うために位階が必要であったことによる。同年には家康の居城となる駿府城が完成してから僅か二ヶ月後に、天守や本丸が全焼する惨事が起こった。その報せを受けた正清は、すぐさま駿府城に馳せ参じて懸命にその復興に努めており、その褒美として家康から貞宗の脇差を拝領したという。この忠臣ぶりによって、家康は正清をますます信頼をすることとなった。

このころ豊臣家と徳川家は、一触即発の不穏な状況下にあった。家康は秀吉の遺児である秀頼に対して、父の菩提を弔って畿内一円の寺社の修理を行うことを勧めている。おそらく家康は大坂城に、蓄えられている黄金を少しでも減らすことを考えていたのであろう。それはまさに、家康が天下を手中にするための大戦略の一つであったはずである。その家康の計略を知りながら、秀頼は社寺の修理に着手した。この修理には、豊臣家の老臣である片桐東市正《ひがしいちのかみ》且元が修理奉行として主に資金面の管理を行い、正清が「一朝惣棟梁」として修理の全体を指揮したのである。

このころには正清の禄高も一、〇〇〇石となり、旗本格の待遇を受けていたという。

法隆寺でも伽藍の堂塔が老朽化し、早急に修復を行わねばならない時期に直面していた。そのようなときに、秀頼による修復は法隆寺にとって幸いした。やがて法隆寺でも秀頼を大檀越《だいだんおつ》として、且元と正清の指揮のもとに大修理が始められ、中心伽藍をはじめ南大門・聖霊院・伝法堂などのすべての殿堂を一新することとなった。

正清も故郷である法隆寺の修理に、格別な思いを込めて指揮をしたことであろう。この修理は法隆寺創建以来の大規模なもので、建物の構造の安全を図るために思い切った大手術を施している。これによって崩壊寸前にあった堂塔は破壊を免れることとなったものの、多くの建物の古い様式が失われたことは千秋の恨事である。しかも倹約のためであろうか、補強材の多くには杉材や松材が使われており、やがてそのことが老朽化を早めることとなった。秀頼による大修理が完成をしたころから豊臣家と徳川家の対立は激しさを増し、やがて天下を二分する決戦へと向かうこととなる。

なお、正清が携わった建物としては伏見城・二条城・智恩院・増上寺・法隆寺大修理・仙洞（後陽成院）御所・江戸城・駿府城・方広寺大仏殿・名古屋城・内裏・東大寺大修理・茶臼山陣小屋・久能山東照宮・日光東照宮・江戸紅葉山東照宮などがある。

阿弥陀院に止宿した家康

家康は浄土宗の熱心な信者として知られ、日課供養として六字の名号を書写しつつ「厭離穢土・欣求浄土」の実現を願っていた。慶長一九年（一六一四）の三月には、南都興福寺の一乗院や喜多院などの法相宗の学匠たちを駿府城に招いて法相宗の教義に関する問答を行わせ、それを家康は聴聞している。そのときの学匠たちの中に、法隆寺阿弥陀院の住持である実秀の姿があった。なぜ実秀が登城を許されたのかはわからないが、そのころの南都を代表する学匠の一人であったのかもしれない。

その実秀が住持をしていた阿弥陀院は、法隆寺境内のほぼ中央にあった。来るべき日を予測した正清は、早くから家康の寝所の造営など阿弥陀院の改築に着手していたらしい。家康の宿所となることを予想した行動である。そのころ将軍職を秀忠に譲った家康は隠居して「大御所」と呼ばれていたが、なお実権を掌握して、真の天下統一を夢見ていた。

やがて方広寺の鐘銘に、「国家安康」「君臣豊楽」という文言があることを巡って問題が勃発した。慶長一九年八月一七日に、正清は駿府城に登城して家康に対して、つぎのように進言をしている。

「奈良の興福寺南大門や法隆寺の御持堂（舎利殿）や聖皇院、東大寺の法華堂などの棟札には大工の名前が記されているが、豊臣家が建立している方広寺の棟札には大工の名前が記されていない。これは前代未聞のことである」(要旨)

これに対して「大御所ご立腹なり」と『駿府政事録』は伝えている。

この正清の進言も、大坂冬の陣を早めることとなった可能性が高い。やがて片桐且元も大坂城を離れ、一一月四日には且元は大坂城近辺の図面を家康に献上している。それを受けて家康は本多上野介正純・成瀬隼人正正成などの忠臣たちを召集して大坂攻めの密議を行い、正清に命じて詳しい大坂近郊の図面を製作させ、大坂に向けて進軍することとなった。家康は慶長一九年一一月一五日の午前六時ごろに京の二条城を出発。その日の宿所であった木津に到着したが、その建物が狭かったこともあり、奈良の中坊秀政の館へ向かっている。これは豊臣勢による急襲などを恐れた可能性が高い。その翌一六日は早朝から雨が降っていたが、正午ごろに法隆寺へ向けて出発し夢殿前に到着をした。そこでは家康の信頼を受けている実秀や、大工頭の正清などが出迎えている。とくにこの法隆寺は久しく兵火を免れた霊場であり、家康は伽藍を巡拝して聖徳太子に戦勝を祈願した。このときに家康の愛馬を繋いだという『駒止め松』が、幕末のころまで阿弥陀院にあったという。このとき家康は戦勝を祈願して法隆寺へ「轡《くつわ》(久治作)」「御剣(信国作)」「御剣(天国作)」「香合(螺鈿)」「六字名号(登誉上人筆)」などを寄進している。ちょうどそのころ、大坂城の豊臣秀頼の側近たちから法隆寺に向けて密使が派遣された。

「法隆寺は豊臣家の恩顧に応えて大坂方に味方せよ」と申し出たのである。とくに伽藍の修復の大壇越であった豊臣家には大恩があり、法隆寺としてはその決断に苦慮したことはいうまでもない。しかも、法隆寺が大坂方に味方をしたならば、大和半国を寺領として寄進するという条件には法隆寺としても大いに魅力があった。太子時代からの重要な所領であった播磨の鵤荘を失っていた法隆寺としては、喉から手が出るほどの有り難い申し出であったに違いない。しかし、いかに好条件であっても、大坂勢の申し出に従うことは出来なかった。それは徳川家の優勢が世の流れであったからである。やがて家康の軍勢は法隆寺を出発し、正清も一族郎党三〇余騎と大工一六〇〇人余を引き連れて家康に付き従って出陣をしている。そして一七日には摂津の住吉を陣屋とした。その日から、家康に従軍していた家臣団は甲冑を着けている。ちなみに、映画やテレビなどでは早くから甲冑を着けて出陣をする姿が見られるが、あれはあくまでも演出であり、いざ決戦というときになって、はじめて甲冑を着けたのである。家康は進軍中にもさまざまな戦略を練っていたらしく、一二月一三日には正清に命じて城攻めのための梯子や熊手を作らせて、武将一人宛に梯子を五〇ずつ配分したり、一五日にも正清に命じて大砲の台である仏郎機《ふつろうき》（フランキ）を作らせている。正清は建物の造営だけではなく、軍事的にも重要な存在であったのである。やがて豊臣家との和議が整って徳川軍が引き上げた慶長二〇年（一六一五）四月二八日に大坂勢一〇、〇〇〇余人（三、〇〇〇人ともいう）が、法隆寺や中井正清が豊臣家に加担をしなかったことに対する報復として法隆寺の西の村落を襲って放火している。幸い寺僧たちの防御もあり、火が西大門から境内に入ることは防げた。しかしこれによって法隆寺の近郊にあった正清宅は焼失し、そのときから正清は京都御幸町御池下るに居宅を構えることとなったらしい。やがて京都大工頭として幕府における中井家の地位は盤石なものとなり、その伝統は明治維新まで継承された。なお、正清は元和五年（一六一九）に近江国水口で没しており、京の長香寺へ葬られた。また奈良における菩提寺として竜田の淨慶寺があり、墓石は法隆寺北方の極楽寺墓地にもある。

第四章　法隆寺秘録

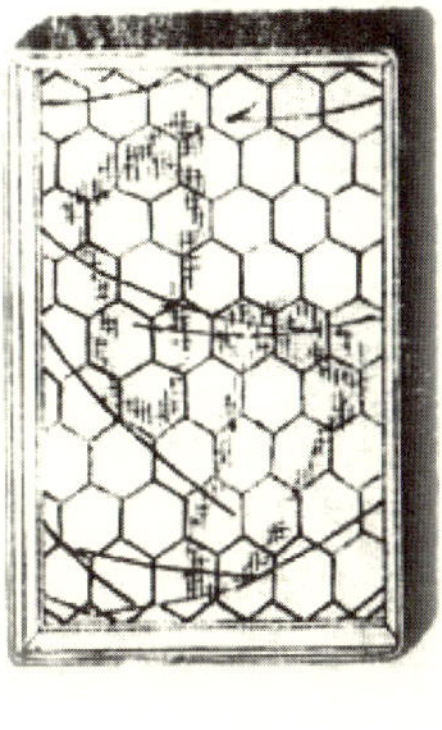
七種宝物　太子御足印（『御宝物圖繪』）

太子の遺宝

東院には、「南無仏舎利」と呼ぶ仏舎利や太子の遺物が伝わっていた。とくに舎利は太子が二歳の二月一五日の早朝に東に向かって合掌して南無仏と唱えたときに、その掌中から現われたという伝承のあるものである。保延四年（一一三八）には、その舎利を安置する金銅の舎利塔を造っているから、遅くとも一二世紀のころから法隆寺の法会に舎利が登場した可能性が高い。古くはこの舎利を夢殿に安置していたとする伝承もあるが、それを証明する資料はない。おそらくはそのころ勃興した末法思想の影響を受けて、教主釈尊を追慕する風潮に大いに刺激されて舎利信仰が栄えたことがその背景にあるらしい。とくに「南に笠置の貞慶（解脱）あり、北に高雄の高弁（明恵）あり」と称される高僧たちを輩出したことによって、舎利信仰が大いに高揚されて「舎利講式」の制作なども盛んに行われた。

そのころから南無仏舎利は釈迦の左眼のものと信じられるようになり、日本仏教の開祖である太子から出現したとする信仰がいっそうの高まりを見せた。その背景のもとに、その舎利を本尊として安置する舎利殿（七丈屋・絵殿・桁行七間・梁行三間・切妻造・本瓦葺）が承久二年（一二二〇）に建立された。また、その建物は御持堂とも呼び、太子が所持されていたという多くの宝物を納める施設ともなったのである。太子にゆかり深い遺物の中から、代表的な宝物を紹介しておこう。

糞掃衣《ふんぞうえ》（不要なぼろ裂を洗い清め縫い綴った袈裟のこと。**釈尊御所持天竺健陀羅国衲袈裟**と伝える。奈良時代）、**御足印**《ごそくいん》（布に太子が御足の跡を踏み遺されたものと伝える。奈良時代）、**梵網経**《ぼんもうきょう》（紺紙金泥書。太子御真筆と伝え、首題に太子の手の皮を捺したものという。平安時代）、**細字法華経**（小野妹子請来同朋之御経と伝えているが奥書に長寿三年（六九四）に中国の長安の李元恵が楊州で書写とある）、**法華義疏**（四巻。太子御真筆）、**牙笏**《げしゃく》（太子が推古天皇の摂政のときに使用したものと伝える。奈良時代）、**周尺**《しゅうのしゃく》（紅牙撥鏤尺《こうげばちるのしゃく》。太子が仏像や袈裟を作られたときに使用をしたものと伝える。奈良時代）、**針筒**《はりづつ》（牙製撥鏤。太子が仏像の袈裟を作るときに使用したと伝える。奈良時代）、**水滴**（金銅製の硯用水入れ。太子が法華義疏を撰した際に使用したと伝える。奈良時代）、**瑞雲**《ずいうん》**形銀釵**《ぎんさい》（太子が幼少のころ使用した簪《かんざし》を孝謙天皇が法隆寺へ納めたと伝える。奈良時代）、**火取水取玉**《ひとりみずとりだま》**・石名取玉**《いしなとりたま》（太子の愛玩品。双六などに使用したと考えられる。奈良時代）、**五錣鉄鉢**《ごてつのてつばち》（太子が前生に使用した鉢と伝える。奈良時代）、**柄香炉**《えごうろ》（太子が勝鬘経を講讃したときに使用したと伝える。飛鳥時代）、**尺八**（洞簫《どうしょう》、太子が法隆寺から四天王寺へ至る途中の椎坂でこの笛を吹いたときに山神が現れてそれにあわせて踊ったという。奈良時代）、**梓弓**《あずさゆみ》（太子が物部守屋との合戦に用いたと伝える。奈良時代）、**六目鏑箭**《むつめのかぶらや》（太子が物部守屋との合戦に用いたと伝える。奈良時代）、**麈尾**《しゅび》（講経のとき威儀を示す僧具。太子が橘寺で勝鬘経を講讃した際に用いたと伝える。奈良時代）、**五大明王鈴**（真鈴。太子誕生のとき宮殿に出現をしたという神鈴。唐代）。

このような法隆寺を代表する霊宝のほとんどが、舎利殿に納められていたのである。そしてその本尊として舎利（南無仏舎利）を安置していた。

やがて舎利信仰がさらに高揚するにつれて、貞和四年（一三四八）には堂内の中央に黒漆塗の宮殿《くうでん》形厨子が造られている。

この厨子の正面には「聖徳太子勝鬘経講讃図」が懸けられ、厨子の西戸内には太子の遺宝を納め、東戸内には「南無仏舎利」を安置することとなった。やがて毎日正一二時に、舎利を奉出して舎利の功徳を賛嘆する「舎利講」と呼ぶ法会が行われた。その南無仏舎利の功徳のことが普及するにともなって、舎利殿へ遺骨を納める信仰も生まれてくる。そのような習慣は建暦元年（一二一一）解脱上人《げだつしょうにん》（貞慶）の勧進によって舎利殿で釈迦念仏が施行されたり、文永八年（一二七一）には逆修《ぎゃくしゅ》が始められていることにも関連するらしい。逆修とは云うまでもなく、本人が生きている内に自らの菩提を祈る供養のことである。そのことから、昭和一八年（一九四三）に行われた舎利殿の解体修理のときに、長押の内側から竹製の納骨器や巡礼札・如来形小仏像・地蔵菩薩像などを発見している。

残念ながらそれらには墨書銘が少ないので確実なことは判明しないが、この納骨の風習は鎌倉末期から室町期にいたる時期のものと考えられる。とくに舎利殿に三十三所巡礼札が納められているのは、法隆寺が第九番南円堂、第二番岡寺、第六番南法華寺などの近郊にあって、観音の化身と伝える太子ゆかりの舎利を奉安していることに由来するのかもしれない。この信仰が、近世に至るまで隆盛を極めたことは、舎利殿へ納められている多くの宝物や法具類などからもうかがい知れる。この信仰の展開過程において造形されたのが、上半身が裸で合掌をする太子二歳像であり、これを南無仏太子像と呼ぶ。

なお、舎利殿に納められていた太子の遺宝の多くは明治一一年（一八七八）に皇室へ献上された。現在ではそのほとんどが東京国立博物館内の法隆寺宝物館に保管されている。また、舎利を奉出する法会のときに東院の梵鐘を撞くこととなっているが、その梵鐘は中宮寺から移されたものと伝え、鐘楼は応保三年（一一六三）に新造したものである。

このような信仰から、和泉式部がつぎのように詠んだと伝える。

「南無仏の舎利を出ける七ツ鐘、むかしもさそな今も双調」

現在では正月元旦から三日間、午後一時から舎利を奉出して舎利講が厳修されており、南無仏舎利に参拝しようとする人びとで賑っている。

法隆寺を支えた財源

世界最古の木造建造物として、平成五年（一九九三）に日本ではじめて世界文化遺産に登録された法隆寺は、けっして七世紀を代表する最高最大の寺院ではなかった。たしかに法隆寺が太子によって創建されたときは、その時期を代表するAクラスの寺院の一つであったかも知れない。ところが天智九年（六七〇）の焼失後に再興した法隆寺は、BかCクラスの寺院であった。そのころすでに太子の一族は滅亡し、法隆寺のスポンサーとなる有力な人物の影はそこには見られないことによる。

おそらく法隆寺の再建は、法隆寺へ施入した太子の遺産や太子を慕う多くの民衆の力によってはじまったと考えられる。そのために資金に苦労しながら再建作業が進められ、資財の不足からその作業が中断することも、しばしばあったらしい。そのときの法隆寺には、木材や技術を選択するような余裕はなかった。やがて太子の寺法隆寺が再建の途上にあることを見聞した朝廷からの援助を受けることなり、八世紀のはじめに再建が完成をした。ところが、そのように資金に欠乏していた法隆寺が一三〇〇年後の今日に現存し、国家やスポンサーに恵まれて造営された大寺院の建物のほとんどが現存していないという。まことに不思議な現象に注目をする人はきわめて少ない。

いくら材質の良い木材を使い、優れた技能をもって寺院を造営したとしても、その寺院を維持することがいかに難しく大切であるか、ということを私たちに語りかけている。

法隆寺の再建が完成したという八世紀ごろに法隆寺に住んでいた僧は一七六人、見習い僧の沙弥が八七人の計二六三人で、そのほかに仕事に従事をする奴婢が五三三人いたと『法隆寺資財帳』は伝えている。その奴婢の数に関して、そのころ元興寺九八九人、東大寺三一〇人、四天王寺二七二人、薬師寺一七二人であり、他の寺院と比較すると法隆寺には多くの従事者たちがいたことになる。その法隆寺を維持するために必要な財源を、『法隆寺資財帳』に記載している多くの荘園や荘倉に求めていた。

その内訳は成町二三二六町二段二八八二歩、水田三九六町三段二一一歩三尺、陸地一九二九町九段九六歩二尺四寸、とする領地であった。

これらの寺領からの収益の使途は、仏分・潅仏分・法分・聖僧分・通三宝分・観世音菩薩分・塔分・常燈分・別燈分・通分・一切通分・寺掃分・四天王分・金剛分・温室分などに区分され、法隆寺の維持費にあてられた。

とくに『法隆寺資財帳』に記載されている寺領の多くは、太子によって法隆寺へ施入されたものが多いと見られている。その中にはかつて物部守屋の所領であった領地も含まれており、瀬戸内海の海上交通の要所なども占めていた。

とくに四国の伊予・讃岐をはじめ、備後・播磨・近江・摂津・大和・河内・和泉などの広範囲に及んでいる。

しかし、そのほとんどは早く法隆寺から離れたものと考えられる。残念ながらそれらに関する史料はきわめて少ない。おそらく法隆寺の寺運が衰えた平安時代のはじめには、法隆寺から離れたのであろう。

そのような状況の中において、太子から法隆寺へ施入された鵤荘は法隆寺の経済を約一〇〇〇年にわたたって支えている。それは現在の兵庫県揖保郡太子町を中心とする地域のことである。この荘園は、太子が推古一四年（六〇六）に推古天皇から布施として賜った、播磨国佐西五〇万代の地を伊河留我本寺・中宮尼寺・片岡僧寺の三寺に施入したことに始まると伝える。

中世の法隆寺の記録によると、寺僧を鵤荘に派遣して直接に荘園の把握に努めることに懸命となっている。そこには法隆寺の出先機関としての寺院が建立され、それには、本寺である法隆寺の別名でもある「斑鳩寺」という寺名が付けられた。荘園内の地名にも、法隆寺近在の地名を移したものが見られる。

かつて寺僧たちは、一週間あまりの日数を懸けて鵤荘へと赴いたとする記録も遺っている。この鵤荘から送られた資財によって、法隆寺が現存しているといっても過言ではない。そのようなことから、法隆寺には嘉暦四年（一三二九）に記された『法隆寺領播州鵤荘の図』や鵤荘に関する古文書が数多く伝わっている。しかし、鵤荘が法隆寺から離れることによって寺運は次第に衰退をしていった。

薬師信仰のメッカ西円堂

三経院の左手を北に登って行くと、高い石段の上に八角の円堂が建っている。それを西円堂と呼ぶ。この西円堂は、法隆寺の西北の小高い丘にあることから西北圓堂・峰の薬師とも呼ばれている。この西円堂は、奈良時代の養老年間に光明皇后の母公、橘大夫人の発願によって行基が建立したとする。

どうしたことか天平一九年（七四七）の『法隆寺資財帳』には、西円堂の存在を示す記録はない。しかし、西円堂の解体修理のときに地下から凝灰岩の基壇の一部が発見されているので、奈良時代には創建されていたことは確実と見られている。

ところが永承元年（一〇四六）に転倒したために、本尊の薬師如来座像は永らく講堂へ移していた。そして二〇〇年後になってやっと西円堂の再建が始まったのである。宝治二年（一二四八）一〇月二六日釿始《ちょうなはじめ》を行い、一一月八日に上棟、建長元年（一二四九）に再建されたのが現在の西円堂である。

本尊の国宝薬師如来坐像（脱空乾漆・漆箔・像高二四六・三センチ・八世紀後半）は行基が七仏薬師を七ヶ寺に安置した内の一体とされ、奈良時代を代表する丈六の乾漆像である。

この薬師如来に対する信仰は、お堂が再建された鎌倉時代のころから大いに栄えた。この峯の薬師の霊験、殊勝にして信心の篤い人びとの病を悉く除くという信仰となって広まっていく。そのことから西円堂には、多くの武器・鏡などが奉納された。武器類（刀・鎗・冑・鉄砲・弓）は男性の魂であり、鏡・櫛は女性の魂として、その最も貴重とするものを薬師の宝前に捧げて、祈願の切なることを表したのである。古記にも、「諸国の道俗財物を捧げ武具・鏡・衣類など堂内に充満す」と記している。

また、この薬師如来に関連して御所の信仰も篤く、御祈祷所としてたびたび御代参や御納物（お撫物）があった。それは薬師如来の霊験殊勝のことが御所にも伝わっていたことによる。

奉納を伝える資料に、『西円堂《さいえんどう》懸物《かけもの》着到《ちゃくとう》』という七冊の古記録がある。これは宝永五年から明治一四年（一七〇八～一八八一）までの西円堂への奉納記録である。これによると奉納者の分布地域は東は仙台・山形から西は薩摩・大隅・長崎・対馬からのものがあり、ほぼ全国に及んでいる。また奉納物も脇指・銅鏡・羽織・綿入・打敷・人形・雛・扇子・紙入・お守り・印篭・金燈篭・薬師経などの多岐に渉っている。これらの奉納物の多くは現在も伝わっており、そのほとんどに奉納者の名前や年月日が記されている。この奉納物は、昭和の大修理まではこの堂内のいたる所に打ち付けられていたのである。「昭和資財帳」の調査によると刀剣が約四、二〇〇口（鞘のみのものを含む）、銅鏡は約一、四〇〇面を数えた。そのほかに、弓・鉄砲・甲冑・櫛笄などの奉納物も多く現存している。

このように、西円堂は法隆寺を代表する庶民信仰の霊場として参拝の人びとで賑わい、法隆寺にとって経済的にも重要な殿堂であった。そのことから、江戸時代には西円堂の前と正面石段の下の二ヶ所に茶店が置かれていた。また、明治一三年（一八八〇）には、薬師如来への信心の深い人びとの発願によって、西円堂の南正面に京都の清水寺のような木造の舞台を新設している。その舞台上からは大和盆地が一望されたという。しかし、二六年後の明治三九年（一九〇六）に腐食が激しく取り畳まれている。最近では峯の薬師のご利益にも変化が現れて「峯の薬師は耳を治して下さる」という新しい信仰も加わり、耳の穴がよく通って聞こえることを願って「錐」を奉納する人も多い。とくに、平成六年（一九九四）からは西円堂への銅鏡奉納を復興しており、西円堂薬師への信仰が大切に守られつつある。

なお、この西円堂で毎年二月三日に厳修される鬼追式（鬼遣《おにやら》い・追儺《ついな》）は良く知られている。これは「薬師悔過《けか》」（修二会《しゅにえ》）の結願《けちがん》法要のあとに行われる「悪魔降伏」の行事で、鎌倉時代の弘長元年（一二六一）からはじまったと伝える。その鬼の役は、かつて堂衆行人（修験道）と呼ばれる僧侶たちが勤めていた。寛政九年（一七九七）から法隆寺内の融和をはかる寺法の大改正によって、堂衆がすべて学侶に昇進することとなったために、堂衆の役割であった鬼役を勤める者がいなくなったのである。そのために法隆寺の直轄領であった岡本村の村民に鬼役を、その後見として法隆寺の事務などを司っていた算主《さず》仲間たちが鬼の衣裳付けなどを補佐するといった習慣が生まれた。なお、この行事に使用される鬼の面（重要文化財）は鎌倉時代に運慶が作ったとする伝承もあり、弘長元年から鬼追式がはじまったとする伝承ともほぼ一致する。

この西円堂の後方には薬師坊（重要文化財）という建物がある。これは古くから西円堂を管理する僧侶の住居であった。明治のころは庶民の信仰で賑っていたこともあり、この薬師坊に法隆寺の寺務所を設置した。そして寺僧たちは経費を節約するために明治七～一四年（一八七四～一八八一）までの七年間にわたってここで集団生活を送り、財政の危機から救うことに懸命となった。法隆寺にとってもたいへん思い出深い建物といえる。なお西円堂の西に見える松林の山の中には、奈良と京都を戦災より護ることをアメリカ政府に進言したというアメリカ人のラングドン・ウォーナーと、明治時代に仏教美術の研究に功績のあった平子鐸嶺の供養塔が建っている。

寺僧たちの私生活

古代寺院では僧侶の止住する建物のことを僧房と呼び、中心伽藍の北と東西の三方に造営されていた。それを三面僧房と呼ぶ。おそらくそのころの寺僧たちは、僧房において厳しい規律に沿った生活を送っていたのであろう。しかし、その僧房を中心とする寺僧たちの日常生活については不明なことが多い。ところが最も古い僧房として知られる法隆寺の東室が、『法隆寺資財帳』に記している僧房四棟のうちの「一口長十七丈五尺・広三丈八尺」にあたることが、昭和三一年〜三五年（一九五七〜一九六〇）に行われた解体修理によって明らかとなった。とくにその修理によって、北から第二房（部屋）と第三房の部分を創建時の姿に復元している。そのころは桁行二間を一房として仕切り、方二間の母屋と東西にある庇《ひさし》の部分から構成されている。これは奈良時代の僧房の基本的な様式である。東室にはそのような構造をもつ房が九房あったらしく、それを基準として他の三棟の規模を想定することが可能となる。「長十八丈一尺・広三丈八尺」のものは九房、「長十五丈五尺・広三丈二尺」のものは八房から九房、「長十丈六尺・広三丈六尺」のものは五房から六房あったこととなり、東室の九房と合わせて、そのころの法隆寺には三一房から三三房が存在したものと想定される。

しかも『法隆寺資財帳』が作成されたころは、一七六人の僧と沙弥八七人の計二六三人が法隆寺に止住していたから、それを単純計算すると一房に平均八、九人が住んでいたことになる。この一房に対する住僧数は、大安寺などの諸大寺とほぼ等しい居住密度であるという。僧房の高さについても、『法隆寺資財帳』に記載する東室の高さが一一尺であり、西院廻廊の高さとほとんど同じであるから、そのころの僧房には床がなく、土間であった可能性が高い。おそらく寺僧たちは、床几などを用いた大陸様式の生活を営んでいたのであろう。なお、『法隆寺資財帳』には僧侶の日常生活に必要な施設として、客房二棟と太衆院一〇棟、食堂一棟、温室一棟などを記録している。

そのうち客房は、主として他寺の僧が法隆寺を訪れたときに使用するものらしく、僧房に比べてその規模は小さい。また太衆院は寺僧たちの日常生活に関連する建物であり、厨・竈屋は調理室的なものであろう。政屋は寺院の政務を行う寺務所的な建物であり、碓屋・稲屋・木屋などは法隆寺の財物を収納する倉庫群である。温室は寺僧たちにとって必須施設である。なお食堂は、法隆寺の行事を行う殿堂として現大講堂の場所にあった。

法隆寺が再建した八世紀の中ごろにはこれらの全ての施設も完成していたものと考えられるが、それらの使用方法などを伝える資料はなく『法隆寺資財帳』に記載する建物や什物類と現存建物の復元資料などから推測をするのみである。しかし一〇世紀になると、僧房は連続する惨事に見舞われている。まず北室が延長三年（九二五）に雷火によって講堂とともに焼失し、西室も承暦年中（一〇七七〜

一〇八〇）に焼失、東室は康和三年～天永元年（一一〇一～一一一〇）にことごとく顚倒したとする。このように法隆寺の僧房は七〇年余りの間に全滅をしたのである。そのうち東室は保安二年（一一二一）に再興したが、そのときに南端の三房分を聖霊院（聖徳太子像を安置し供養する殿堂）として改造し、残り六房のみが僧房としての復興であった。

そのころ僧房としてその役割を果たしていたのは、再興した東室六房と小子房九房（妻室と呼ぶ）であり、北室と西室は再興されていない。なお昭和五五年度（一九八〇）の発掘によって北室の遺構の一部を大講堂の東側で確認している。また承暦年中に焼失した西室は『棟木銘』や『別当記』によって寛喜三年（一二三一）に再建したことを伝えている。

しかし、その造立は南七間だけであったらしく、そのうち四間は三経院（勝鬘経・維摩経・法華経を講讃する道場）となった。その後、文永五年（一二六八）に西室の造営が行われており、その造営は三経院の北へ増築したものらしい。

なお現存する妻室は、その解体修理によって平安時代を下るものではないことが判明している。その妻室は東室の大房に付属するもので、上代寺院の僧房は大房と小子房を一組とするのが通例とされており、この妻室は遺構としても貴重な建物である。平安時代でもきわめて早い時期に建てられたものらしい。東室と妻室の関係は、東室の大房には上位の僧が住み、妻室にはその従僧たちが住んでいたと考えるのが一般的である。

ところが、僧房はそのころの寺僧たちにとって、安穏に天寿をまっとうする場所ではなかったらしい。それは貞和五年（一三四九）に疫病が流行して僧房で寺僧が他界したが、それまでは三面僧房で寺僧が他界する例はなく、未曾有のことであったと記している。

おそらくそれまでは、危篤状態の寺僧を僧房からいずれかの場所へ移していたのであろう。その慣習などによって、寺僧たちが悠々自適に僧房で暮らすことが出来なかったらしい。そのために自己の資財によって法隆寺の境内に子院を作って移り住むこととなった。やがて僧房の一房を一人の寺僧が独占することとなり、居住権が生じるようになった。そして寺僧たちがその居住権を売買することとなり、一三世紀ごろの権利書ともいうべき房の売券が伝わっている。これらは寺僧たちの秘められた私生活に関する貴重な資料でもある。

寺僧たちの権力闘争

一二世紀のころから興福寺などの影響を受けて、法隆寺でも寺僧たちのプライベートな住居として子院が造立されはじめた。すでに平安時代の末ごろから円成院・金光院・北御門房・東花園・興薗院・西園院・松立院・北室・地蔵院・政南院・中院・西福院・宝光院・瓦坊・法性院・中道院などの子院の存在が古文書に登場する。しかしそのころの子院は坊舎のみで、後世のような築地や表門などはなく、生け垣などをもって周囲をめぐらした簡素なものであったらしい。弘長元年（一二六一）に後嵯峨太上天皇が法隆寺へ行幸されたときに境内の環境整備が行われた。そのときにはじめて子院の築地を築いたらしく、『別当記』に「諸房諸院の築地を植きおおい悉くこれ覆う」と記している。おそらく、そのころの子院の状態がきわめて見苦しい状態であったのかもしれない。おそらく坊舎なども全体的にきわめて簡素なものであり、屋根も茅葺や杮葺、桧皮葺などであった。それは法隆寺の代表者である別当職が居住した坊舎のことをとくに瓦坊と呼んだことからもわかる。他の子院とは大いに異なる立派な瓦葺の坊舎であったのであろう。

やがて寺僧たちが僧房から子院へ移行するのにともなって、子院はますます増加する傾向をみせた。政蔵院・安養院・金剛院・西南院・阿伽井坊・椿蔵院・西之院・知足院・脇坊・弥勒院・多聞院・湯屋坊・明王院・宝蔵院・西坊・北之院・仏餉院・東倉院・発志院・阿弥陀院・橋坊・福園院・蓮池院・法花院・善住院・西東住院・中東住院・東住院・蓮光院・文殊院・十宝院・賢聖院・橋坊など数多くの子院が造立されてくる。なお、これら子院の名称については「仏教の用語や本尊名より命名したもの（阿弥陀院・弥勒院など）」「子院の敷地の地名やその地にあった建物から命名したもの（花園院・阿伽井坊など）」「子院が建てられた方位から命名したもの（西南院・西之院など）」「子院で行われる教学や信仰から命名したもの（明王院・金剛院など）」などが見られる。そのころ南都の諸大寺や高野山などの僧侶間において、「学侶《がくりょ》」と「堂衆《どうしゅう》」と呼ぶ制度が生まれている。この制度の内容については各寺院ごとに異なるものの、共通することは、学侶を上位とし、堂衆をその下位としていることである。この制度がいつごろから発生したかはわからないが、法隆寺では一二世紀ごろには、すでに生まれていたものと考えられる。嘉禎四年（一二三八）ごろに、寺僧の顕真が編した『太子伝私記』に「学衆」と「禅衆」のことを明記していることから、この制度は鎌倉時代ごろには成立していたことが明らかとなる。

学侶とは学衆とも呼び、顕密二教の学行を専らにして、主に講経論談を修学する学問僧のことをいう。

それに対して堂衆とは堂方・禅方・夏衆とも呼び、修行や律を専門として、夏は堂に篭って安居禅行を修し、仏前に香花を供して法要の承仕を司る僧のことをいう。その内、修行を専として主に西円堂や上之堂の堂司役（法要の準備や管理などを行う）などを勤める修験道系統の僧を行人《ぎょうにん》とよび、律を専として主に上宮王院・律学院の堂司役などを勤める系統の僧を律宗方《りっしゅうがた》と呼んでいる。これらの行律の一臈のことを「両戒師《りょうかいし》」といい、行人の一臈を「夏一戒師《げいっかいし》」、律宗方の一臈を「院主戒師《いんじゅかいし》」と称した。

やがてその意味内容も複雑な変遷をみせ、ついに学侶が法隆寺全体を支配する制度にまで進展する。しかもこの僧侶間の制度は僧侶が居住する子院にまで影響を及ぼし、「学侶坊」や「堂衆坊」といった子院の資格区分が生じ、法隆寺の管理機構にとっても重要な制度の一つとなる。室町時代になると学侶上位、堂衆下位の傾向が一層の強まりを見せ両者の対立は激しさを増すばかりであった。それを裏づけるものとして、永享七年（一四三五）の南大門焼打事件がある。その焼失原因は学侶・堂衆間の争いによって堂衆が焼却したものと伝えているがその真相はなぞでもある。このような惨事は突如として起きたものではなく、それ以前からすでに両者は険悪な状況下にあったことを示している。

また、享禄三年（一五三〇）の『坊別並僧別納帳』という記録に「学侶坊」と「堂衆坊」の区分が明確化しており、それぞれの子院への米の支給高にも格差が生じている。それによると、そのころの法隆寺には四七ヶ院の子院があり、学侶と堂衆の区分が完全に生じていたことを示している。そのころ学侶が四二名、堂衆が八二名であったと記している。とくに学侶の子院は主として西院側にあり、堂衆は東院側に集まっていることから、学侶のことを「西寺」、堂衆を「東寺」と総称していたと伝える。しかし、そのような寺域の区分も完全ではなかったらしい。

学侶と堂衆の争いは絶えることがなく、西寺と東寺に分かれて互いにその権力を争い、すでに述べたとおり、両者ともに織田信長や豊臣秀吉などの為政者たちに金品を献上して自己が有利となるように働きかけている。ところが徳川政権の確立にともなって封建的な身分制度が寺院にも大きな影響を見せた。学侶の資格は公家か、五代相続以上の武家の出身者であることが明文化され寺院の封建化が加速をすることとなった。

法隆寺の修験道

上御堂は大講堂の北側に位置する。奈良時代に天武天皇の皇子舎人親王が創建したと伝えるが、その真偽は不明。なお『五八代記』（義演撰）によると、聖宝が延喜のはじめに法隆寺内に東院を創立したとする。その東院は誤りで、このときに普明寺の堂を法隆寺へ移して上堂を創建した可能性が高い。最初の建物が永祚元年（九八九）の大風によって倒壊したが、応長元年（一三一一）ごろから造り始め文保二年（一三一八）に再建した。礎石などには奈良時代の凝灰岩を再使用している。堂内には平安時代の釈迦三尊像と南北時代の四天王像を安置している。かつてこの堂では九旬供花・三夏当行《とうぎょう》が行われていた。堂衆の行人が管理をしていたのである。行人とは本来は専ら修行を行い、主として西円堂の堂司役や綱維を勤める僧のことで、修験の行者的色彩が強い。行人が行う当行とは修験道的色彩の強い行法である。これらは聖宝が創始したという。その聖宝は醍醐寺を開き、修験道中興の祖とも称えられている。

とくに四月から七月までの安居の期間中には、法隆寺の裏山にある蔵王堂の滝から閼伽水をくみ上げて上御堂の仏前にお供えして法華懺法という法要を行っていた。そして不動岩、ケサカケ石、悔過池などを行場として修行をしていたのである。行場を往来するときは無言で仏の名や経を読み、先達は金剛鈴を鳴らし、他人と会わないように知らせたという。もし人びとが行者に会うことがあれば病気の災難を得ると伝える。人びとは鈴の音を聞いたときは路から避けることとなっていた。その行中が闇夜であったり、激しい風雨であっても灯火を用いることはなかった。

その修行を積むことによってやがて正大先達に任命された。そしてその法灯は幕末まで続いている。法隆寺最後の行人である実相院懐厳とその弟子の祐賛や秀賛は、幕末に松尾寺や日野法界寺、世義寺などの修験の寺院へ移って、その法流を継承することになった。

なお修験道に関連して、私は法隆寺の建物内から円空作の大日如来像（桧材一木造り像高七九センチ。頭に五智の宝冠をつけ顔に微笑を浮かべながら胸の前で智拳印を結んで岩座上の蓮台に坐している）を発見したことがあった。円空は修験の行者として各地を遊行遍歴しており、法隆寺の行者たちと交流をしていた可能性もある。

そのことから私は法隆寺の修験行者の寺僧と円空の関わりを調べたのである。法隆寺近くの松尾寺には円空作の役行者像が伝来している。当然のことながら、修験の寺院である松尾寺にも円空が立ち寄った可能性は高い。

しかも、その像の背面には法隆寺との関係を示す墨書があった。延宝三年（一六七五）の年号とともに法隆寺文殊院秀恵と記しているのである。

これによって延宝三年に、この像が造られ、法隆寺の子院の一つである文殊院の秀恵がこの像に関与していたことが明らかとなった。

とくにこの秀恵は法隆寺の堂方行人で学春（俊）房といい、夢殿の近くにある文殊院の住持であった。それは松尾寺の役行者像の墨書銘とも符号する。

この役行者像の銘文を記した四年前の寛文一一年には、円空は法隆寺で法相宗の教理を学び、巡尭から「法相中宗血脈」を受けたという。そしてその巡尭は高栄から伝授をしたとする。その高栄（寛文二年没）は観音院の住持で、学僧として名高く法隆寺の一臈職にも就任をした学僧である。

その高栄と巡尭、秀恵は円空と何らかの法縁で結びつくのかもしれない。そのように推察すると法隆寺にあった大日如来像は、文殊院に伝来をしていた可能性も出てくる。

いずれにしても、この円空の大日如来像は修験の行者たちとの繋がりによって法隆寺に伝来していることは確からしい。

第五章　江戸時代、奔走する法隆寺の僧たち

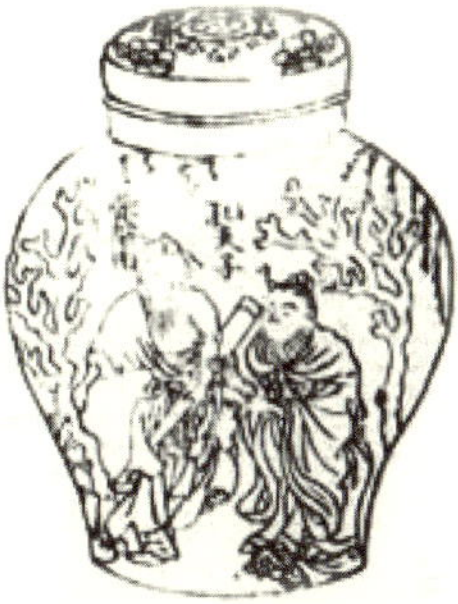

七種宝物　八臣瓢壷（『御宝物圖繪』）

金堂や五重塔・夢殿を初公開した事情

徳川家康による天下統一によって、寺院にも封建制度が大きな影響を及ぼし、寺僧たちの身分制度が確定することとなった。それに関連して寛文九年（一六六九）の『法式条々』という記録には、法隆寺の学侶や堂衆が守るべき法則を列記している。その内容は、法隆寺の年中行事における学侶と堂衆の役割などを詳しく記したものである。とくに、その末尾には、堂衆は上宮王院観音堂・太子堂（律学院）・西円堂を学侶から預かり、朝暮の勤行、香華燈明の調達、堂内の掃除などを行う役人であると記している。これは、堂衆が完全に学侶の支配下にあることを示している。

そのように身分制度の確立によって、法隆寺の学侶になる条件に寺僧の出自の種姓の吟味がされるようになった。まず学侶となるためには身分の高い家筋が求められ、それが明文化されたのである。

「学侶は公家又は五代相續の武家の子、種姓吟味の上で児を取立てるものなり」

これによると、学侶に取り立てられるのは公家もしくは五代以上相続している武家の出身者であることが必須の条件となっている。なお公家の出身者は無条件で学侶に交わることができたが、武家の場合は実家から師匠へ家系図の提出が求められ、学侶の集会の席上で吟味されて学侶全員の同意を必要としていた。そのことから法隆寺には、明治維新までに学侶の集会へ提出された約一二〇通余りの寺僧の家系図が現存している。その中で寛文五年（一六六六）一二月二三日に提出された良賛のものが最も古く、続いて寛文一一年（一六七一）一二月一二日の覚賢《かくけん》、延宝元年（一六七三）一一月一九日の覚勝《かくしょう》の系図がある。元禄八年（一六九五）七月二三日より記された「系図入日記」も、寛文五年の良賛の系図からはじまっているから、系図を提出するという規則が寛文年間から規定されたと考えられる。そのころの法隆寺の学侶には、大和国片桐家の家臣や山城国の賀茂侍・藤堂家無足人・高槻藩大坂御蔵奉行・松平相模守の家臣・春日社神主・賀茂社家などの子息たちが出家していることが多い。

やがて徳川政権も安定をした元禄期には、ふたたび伽藍の老化がはじまることになる。

そのころ寺僧たちは、その修理費用をどのようにして調達すべきであるかを苦慮しており、法隆寺では早くから寺僧を江戸へ派遣して幕府の援助を願い出ていたのである。そのころ幕府としても全国の社寺の修理に対し財政的援助の要望が寄せられていたが、受入れられるものはほとんどなかった。当然のことながら、法隆寺からの願いは聞き入れられなかったのである。

このように幕府の援助は不可能であり、法隆寺独力で伽藍を修復しなければ如何ともし難い状態となっていた。なお、そのころの法隆寺には一九名の学侶のほか堂方衆が二八名いたと記録する。これらの寺僧たちによって法隆寺を運営していたのであった。そのような背景のもとに法隆寺では一つの試みとしてご開帳を決断したのである。元禄三年（一六九〇）の二月一五日から五月に至る三ヶ月間にわたって、はじめて法隆寺の伽藍を開扉して広く人びとに公開したのである。そのときの事情について、『法隆寺諸堂開帳霊佛霊宝絵像等目録』にはつぎのように記している。

「来る元禄四年は聖徳太子一千七十年の御忌に当たるのでその浄財を得るためにはじめて堂塔を一般の人びとに公開することとした。その賽銭によって聖霊会を勤修したり、堂塔の修理をしたいと考えている。そのことから前年の元禄三年に諸堂開扉を開扉して霊仏霊宝を拝観させることとした。そのときに寺僧たちが個人で所有している宝物も展観をする。」（要旨）

このご開帳のときに、はじめて金堂の南正面が開かれたり、夢殿や聖霊院なども公開され、未曾有の大開帳が行われたのである。

幸いこのご開帳によって約二、三〇〇〇両余の浄財が集まったので、これによって翌元禄四年に行われた太子一千七十年御忌聖霊会を盛大に勤めることが出来た。しかも、このときから聖霊会の会場を、東院から西院大講堂へ移して行っている。これは広い会場で行うことによって多くの人びとが参拝することを期待するとともに、多くの賽銭が納められることを願うものでもあった。この聖霊会を厳修する前後から、ご開帳で得た浄財によって応急的に修理を行っていた。ところが法隆寺の伽藍の建物の総数は三〇数棟にものぼることから、法隆寺の自力だけではどうすることも出来ない状態にあり、抜本的な対策を講じる必要に迫られていたのである。

ちょうどそのころ、東大寺では大勧進の公慶が大仏殿の再興に奔走し、唐招提寺では英範が堂塔の修理を行うために東奔西走していたのである。そして元禄五年（一六九二）三月一七日には、東大寺大仏の開眼法要が勤修され、法隆寺の寺僧たちも出仕している。このことが法隆寺の寺僧たちを大いに刺激をしたのであろう。

またこのころ信濃の善光寺が金堂、宝塔、楼門などの再興のため出開帳を計画し、元禄五年の六月五日から八月まで江戸の本所回向院において秘仏善光寺如来の出開帳を行い、大成功を収めていた。

しかも翌七年五月には京都で、八年には大坂で出開帳を行い、善光寺は多額の浄財を集めることに成功したという。そのような背景のもとに、そのことを風聞した法隆寺の寺僧たちが江戸での出開帳を決断することとなる。

江戸出開帳秘話

伽藍が老朽化したことによって窮地に直面しつつあった法隆寺では、元禄七年(一六九四)正月一二日に開いた一山会議において、伽藍修覆の浄財を集めるために江戸で出開帳を行うことを決定している。

幸いなことに、二月一日に南都奉行に着任したばかりの神尾飛騨守元知が法隆寺へ参詣した。このとき寺僧たちは、奉行に対して伽藍の老朽化の実情を強く訴え、江戸での出開帳を実現することが出来るように嘆願をしたのである。その訴えを受けて近日中に江戸へ参勤するので、法隆寺が伽藍修復の浄財を得るため江戸で出開帳を行いたい旨の願書を提出するならば、幕府の要人に取り継いでも良いとの奉行からの好意的な返答を得ている。そのような奉行の意向を受けて、寺僧たちはすぐさま伽藍修復の資金を得るために、江戸出開帳の許可を願う口上書の草案を作成して南都奉行所へ提出することとなる。

この「口上書」を受け取った南都奉行所の与力の石川庄八は使僧に対して、「江戸へ下向したならば直ちに寺社奉行所へ願い出るのか、あるいはそのとき江戸に在住している南都奉行へ願い出てから寺社奉行所へ願い出るのか、いずれであるか」と問いただしている。これに対して使僧は「まず南都奉行へ願い出てから寺社奉行へ罷出るつもりである」と答えている。まさに役人に対する優等生の答えであった。それに対して与力は「その方法がよろしい。お奉行にもよく申上げておきましょう」と答えている。これもまた、役人の典型的な応対そのものである。

これから登場する寺社奉行は寛永一二年（一六三五）に設けられた役職で、その職務は全国の寺院・神社・僧侶・神官や寺社領を取り締まり、見世物興行などを監督、監視したり、寺社に関する訴訟裁判の事務一切を統轄している。このように幕府を支える諸奉行の中でも勘定奉行や町奉行と並んで最も重要な職務であった。そのころの寺社奉行は戸田能登守、本田紀伊守、松浦壱岐守の三人である。法隆寺にとってこの江戸出開帳を成功させるためには、取り急ぎ寺僧を江戸へ派遣して寺社奉行の許可を受け、速やかに出開帳の開催場所などを決めることが差し迫った重要課題であった。

その準備がほぼ整った三月朔日《ついたち》に開いた学侶の集会の席上において、一﨟職（法隆寺の代表者）の良尊から江戸へは覚賢と懐賢《かいけん》の二人が下向して、公儀との交渉に当たることを提案している。それに対して尊殊、懐賛、良賛、覚勝などの寺僧たちも異口同音に、その両人が望ましいとして良尊の発案に賛同の意を表した。ところが覚賢は病気を理由に固辞、懐賢は病弱で、その上自分が支配していた興福寺の興善院が昨年の冬に焼失したので江戸下向は容赦をいただきたい、と申し出ている。その後、江戸へ派遣する人選については紆余曲折はあったが、ついに覚勝（藤堂藩無足人の子息・四二歳）、覚賢（山城賀茂侍の子息・三九歳）、懐賢（高槻藩大坂御蔵奉行の子息・三三歳）が法隆寺を代表して江戸へ下向することに決定した。法隆寺の苦難を救うために覚勝たちは捨身の気持ちで一山の要請を受けたのである。

こうした経緯のもとに寺僧たちは中宮寺を訪れて、門跡の慈雲院宮（御西院天皇の皇女）から五代将軍綱吉の生母三御丸御所（桂昌院）に対して、法隆寺の出開帳が許可されるようにお口添えを頂戴したい旨を願い出ている。そのとき中宮寺宮からの即答はなかったが、後日になって願いが聞き届けられ桂昌院と日光御門主（慈雲院宮とは兄弟）宛への書翰を頂戴している。このように諸準備を終えた覚勝たちはいよいよ江戸へ下向をすることとなる。ちょうどそのころ江戸では、高田馬場で中山安兵衛が伊予西条藩士菅野六郎左衛門の果たし合いに助太刀して、江戸の町衆の人気者になっていたり、歌舞伎なども栄えた時代であった。まさに花の元禄とうたわれた時代である。武家も町人も物心ともに豊かになり、ご信心や珍しい文物、上方の文化の香りを求めるゆとりが出ていたのであろう。

覚勝たちはこの出開帳の出願に当たって、幕府の要人たちに法隆寺の由来を紹介するために「釋迦御袈裟」「太子御手題梵網経」「神代真鈴」「太子御足印」「八臣瓢壷」「御弓」「御矢」の七種の宝物と、金銅仏や仏画などの宝物を携えることとなった。また四幅の「聖徳太子絵伝」を新たに長谷川等真に模写させたものを持参している。これは出開帳の期間中に、太子の遺徳を布教するための絵解きを行うときに使用するためのものであった。このような準備を整えた覚勝たちは法隆寺一山の熱い期待を受けながら江戸へと下向したのである。

それには、先導役を勤める大和下牧の光専寺（上牧町）の住持と、覚勝たち寺僧の世話をする侍者たちや寺宝を奉持する人びと約三〇名ばかりが追従していた。元禄七年四月二七日早朝、覚勝、覚賢、懐賢たちは南大門の脇にあった地蔵院から駕籠に乗って江戸へ向けて出発している。覚勝たちは出開帳の許可が下るまでは絶対に法隆寺の地を踏まないという、悲痛な覚悟であったという。おそらく、大いなる不安と期待が交錯する複雑な心境であったにちがいない。南大門の前では出開帳の許可が下ることを祈りつつ、良尊をはじめとする学侶や堂衆、専当、堂童子などの諸役人も悲壮な面持ちで一行を見送っていた。

覚勝たちが江戸へ到着したのは、法隆寺を出発してから一一日目の五月八日のことであった。すぐさま江戸の宿所である浅草の西徳寺に入り、旅の疲れを癒している。この西徳寺は浄土真宗仏光寺派の江戸別院のような寺院であり、同行していた光専寺は同宗の寺院であったことから法隆寺の寺僧たちを西徳寺まで先導したのである。

まず奈良奉行に許可願いを出し、さらに寺社奉行へ許可願いを出す、というように、出開帳を実現させるための、寺僧たちの活躍が始まった。最もむずかしいのは、江戸での下準備である。市中で出開帳を行う許可はもちろん、場所の問題、それに出開帳の話題を盛りあげるためには、将軍家の肩入れが必要であった。将軍家が率先して寄進を行わなければ、諸大名の寄進も望めない。

やがて三人の僧は江戸でめざましい活躍をみせ、奉行所の許可も下り、本所回向院《ほんじょえこういん》での開帳が決定した。一行が法隆寺の南大門を出てから、一ヶ月後のことである。

このとき、三人の僧のなかでも、とくに目立ったのが覚勝の存在である。当時の将軍はお犬さまで知られる五代綱吉であり、綱吉の生母・桂昌院《けいしょういん》が絶大な権力をふるっていたことはよく知られている。覚勝はこの桂昌院に寵愛を受け、何度も目通りを許され、そのたびに法隆寺に対して、寄進があった。

現在、大講堂の前に大きな銅灯籠が立っているが、この灯籠には、将軍綱吉の武運長久を祈り、本庄氏桂昌院が寄進した、ということが刻まれている。これも覚勝を通じて、桂昌院が寄進した五〇両で建てられたものである。

このとき覚勝には、桂昌院から葵と九ッ目の紋（桂昌院の紋）つきの袈裟《けさ》をつけることを許されている。この袈裟の所在がわからなかったが、昭和六三年（一九八八）に「昭和資財帳」の調査中に本坊の新倉の中から、破損した姿で発見をしている。

やがて法隆寺から宝物や寺僧たちが到着し、七月五日から回向院で出開帳が開白をしたのである。なお江戸の出開帳でのおもだった寄進額は、つぎのようなものである。将軍綱吉から七一六両二歩一〇匁、桂昌院から五百両、水戸光圀《みとみつくに》をはじめとする諸大名から九七五両二歩六匁八分、あわせて約二、二〇〇両であった。これに一般の人びとから寄せられた浄財をあわせると、四、二四二両余りになり、諸経費九〇〇両を差し引いて三、三〇〇両余りが、法隆寺修理の費用となったのである。

京・大坂での出開帳

江戸での出開帳で大成功をおさめたことに大いに元気づけられた寺僧たちは、その余勢をかって京や大坂でも出開帳を開くことを計画したのである、まず翌年の元禄八年（一六九五）に京の真如堂で出開帳することとなった。このときは地理的に近いことから、聖霊院の太子像を出開帳のご本尊とするために輿に乗せて出御している。二月二七日に法隆寺を出発した宝物は知恩院の配慮によってその末寺であった伏見の西岸寺に泊り、翌日の二八日の正午ごろに真如堂に到着している。そして三月三日に出開帳の開白法要が厳修されて、三〇日間に及ぶ出開帳がはじまったのである。しかしその期間中に夥しい長雨の日々が続いたために、更に三〇日間の延期を願い出ている。この出開帳の期間中に、寺僧たちの奔走によって五月八日には東山天皇、五月一四日には仙洞御所（霊元天皇）による宝物の叡覧が実現したのをはじめ、関白近衛家の五摂家や公家衆、京都所司代小笠原佐渡守も宝物を上覧している。

とくに五月一二日には、聖徳太子を最も尊崇する宗派の一つである一向宗（浄土真宗）西本願寺門主寂如による宝物の上覧もあり、五月二二日には京における出開帳も無事に結願している。やがて出開帳にご協力をいただいた多くの人びとにご挨拶を済ませた寺僧たちは、五月二四日の午前一〇時ごろに太子像をはじめとする宝物とともに、真如堂を出発して法隆寺への帰途についている。帰りも伏見の西岸寺で宿泊して、翌二五日に法隆寺へ帰着している。

「（五月二五日）尊像已下御帰寺。太子尊像は直ちに聖霊院御殿へ移す。学侶残らず并びに堂方の老若は東院入口まで出迎え。太子、仏舎利霊宝の御供して寺中へ入御。御舎利は直ちに舎利堂、霊宝は直ちに綱封蔵へ納めるなり」

このときの出開帳で寄進された賽銭は約八〇〇両余であったが、道中費などの諸経費に約四五〇両余を必要としたために実収入は約三五〇両余であった。

京に続いて翌元禄九年（一六九六）には、大坂の四天王寺で出開帳を行っている。このときも聖霊院の太子像が輿に乗って出御されることとなった。三月五日午前四時ごろに、三〇〇人に及ぶ行列が南大門を出発し太子像や南無仏舎利、善光寺如来御書などとともに南無阿弥陀仏・南無妙法蓮華経と書かれた旗二流を掲げての大行列であった。このような名号や題目を墨書した旗を掲げることによって、宗門を問わず多くの人びとに出開帳へ参詣をしてもらおうとする配慮がうかがえる。

このとき宝物に随伴した尊殊、良尊、覚賢、懐賢、尊長、行秀たちの六人の寺僧たちは、駕籠に乗って宝物のお伴をした。南大門では留守を預かる寺僧たちや近在の人びとが出開帳の成功を祈りつつ、この大行列を見送っている。この人びとの中には途中まで行列を見送る寺僧の姿もあった。

「(三月五日)太子天王寺へ行啓。寅《とら》の下刻《げこく》。一番七種の宝物。二番楽人衆。三番御旗二流・南無仏舎利。四番御書・善光寺如来之文。五番上宮太子・学侶。六番堂方」

南大門を南下した行列は五百井や竜田の村落を通って大和川の難所として知られる亀瀬に到着して、そこから船に乗っている。亀瀬の難所を少し過ぎた所から船に乗って大坂へ至るコースは、人びとが古くから利用をしていたものらしい。やがて宝物などを乗せた船は、午後三時ごろに大坂の京橋に到着している。そこで下船をした行列は、大坂の人びとに大和法隆寺の宝物を四天王寺で開帳することを知らせつつ行列をした。その門前では、四天王寺の寺僧たちから丁重なる出迎えを受けている。

いよいよ三月八日午前八時から、四天王寺での出開帳が幕を開いたのであった。このとき江戸での出開帳の中心的役割を果たした覚勝は、再び江戸へ下向していたのでその姿は大坂にはなかった。覚勝は桂昌院へのご機嫌伺いを兼ねて常灯篭を建立したことなどの報告を行うとともに、五重塔の修理料や中宮寺の修理料、大坂での出開帳へのお供えなどの寄進を受けていたのである。

「（元禄九年五月十六日）中院（覚勝）江戸より帰寺。金子七百両（三百両は五重塔修理料・百両は天王寺に於て此寺開帳の御散銭・三百両は中宮寺殿修理料）拝領。白銀十枚、布五疋、以上は三御丸（桂昌院）より下される。公方（将軍）よりは時服代白銀五枚を拝領せしむ。かくの次第にて帰院」

この大坂での出開帳の期間中には、江戸へ参勤するオランダ人が参詣したり、道頓堀では岩井半四郎による法隆寺開帳をテーマとした歌舞伎が演じられていた。そのころ大坂の町では、法隆寺の出開帳のことが大いに話題となっていたらしい。なお出開帳は四月二七日に結願の予定であったが五月九日まで延期し、更に二五日まで再延期をしている。やがて二五日に大坂での出開帳が結願したので、翌二六日の午前八時ごろに四天王寺の講堂を出御《しゅつぎょ》して法隆寺への帰途につくこととなった。そのとき平野（大阪市平野区）の人びとは、街道を清掃して砂や水を撒いて行列を迎えている。昼食のために柏原の本陣である平野屋与次兵衛宅などで休息し、そこへ法隆寺から出迎えにきた百人余りの人びとと合流して帰途についている。法隆寺に帰着したのはその日の薄暮のころであった。

なお、この出開帳で得た賽銭は一、三〇〇両余であったが、出開帳の必要経費が七七〇両余に及んだために実収入は五三〇両余となった。このように江戸・京・大坂の三ヶ所で開いた出開帳によって集まった実収入は三、三〇〇両（江戸）・三五〇両（京）・五三〇両（大坂）の合計四、一〇〇両余である。法隆寺では、この資金によって元禄の大修理に着手をしたのである。なお、その後も伽藍の修復料の寄進を得るための出開帳は、享保九年（一七二四）に京極和泉式部誠心院、宝暦六年（一七五六）大坂四天王寺、天保一三年（一八四二）江戸回向院などで開いているが、いずれも元禄出開帳のような寄付金が集まることはなかった。

悲願の元禄大修理

江戸出開帳で集まった寄付金や賽銭などを資金として、切迫していた伽藍の大修理に着手することとなった。すでに元禄三年（一六九〇）ごろからは五所宮などの応急的な修理がはじまっており、元禄四年には聖霊院・綱封蔵・西室・金堂廊下・上宮王院廊下・馬屋・大経蔵・食堂・三宝院などには着手していたが本格的には江戸での出開帳が成功を修めた翌年の元禄八年（一六九五）からのことである。

そのころ建造物の新造や修理は、南都奉行所や京の大工頭中井主水に届け出て許可を得ることを必要としていた。とくに中井主水は家康の寵愛を受けて大工頭に推挙されていた正清の末裔で、畿内の建造物の造営や修理などを監督する江戸幕府直属の役人であり、畿内における建築行政の惣元締的な地位にあった。その身分は五〇〇石（一〇〇〇石の時代もあったという）四〇人扶持で、畿内の大工・杣・木挽などを支配し、幕末まで京に『中井役所』を構えている。

その中井家が元禄五年（一六九二）の一〇月二七日に作成した『棟梁住所并大工杣《そま》大鋸《おが》木挽《こびき》人数作高之覚』によると、そのころの中井家は六ヶ国の杣《そま》・大鋸《おが》・木挽《こびき》など六、九七一人と大工六、六七七人をその傘下に置いていたと記している。杣とは用材を切り出す山から木材を伐採することを業としている人のこと。大鋸とは一四世紀ごろに大陸から導入された木工具の鋸で木材を切ることを業としている人のこと。木挽とは木材を大鋸でひき割って角材や板に製材することを業としている人のことをいう。

法隆寺が元禄九年（一六九六）一一月に南都奉行所へ差し出した覚書によると、すでに元禄九年に修理が完了していたものは、五重塔・御祈祷所・金堂・大講堂・上之堂・食堂・細殿・鐘楼・経蔵・仁王門・廻廊・護摩堂・御霊屋・勧学院・八ッ足門・四ッ足門・東院廻築地・東院惣門・惣社宮である。その年の一二月に入札して元禄一〇年から工事に着手するものは、太子堂（聖霊院）・上宮王院（夢殿）・西円堂・三経院・役行者堂・綱封蔵・権現社・一切経蔵・東室・西室・大湯屋及び四ッ足門・南大門・西之大門・中之門（東大門）・寄門・北之門・山口之門であった。それに続いて修理すべき建物としては舎利殿・絵殿・伝法堂・礼堂・東院廻廊・東之鐘楼・新堂・金光院・西惣築地・五所社・天満宮・立田社となっている。元禄の大修理は三七件余に及ぶ大事業であった。この記録からもわかることは諸堂を短期間で修理をしていることである。それは、そのころの修理のほとんどが屋根の葺き替えに中心を置いていたことによる。とくに五重塔の修理は、桂昌院を大檀越として元禄九年五月に着手して同年の一一月に完成している。この修理のときに五重塔の五層目を解体して屋根を急勾配に改めている。それは雨水の流れを考慮したものであった。また軒先の重みを支えるために力士型の支柱などを新造したり、垂木先の金具や露盤などを新調して、それに徳川家の『葵』や桂昌院の『九ツ目』の紋を付けている。しかし五重塔の四重目以下は建立してから僅かに部材の入れ替えなどはあっても解体をされたことがなく、その勾配は緩やかで創建当初のままの姿を残していた。その形態は昭和の大修理のときも踏襲している。このように、五層目だけが元禄時代の改造を受けた急勾配のままで四層目から下層は可能なかぎり創建時の姿に復元していることから、「飛鳥乙女に高島田」と批評されたこともあった。金堂の修理も五重塔と同じようにほとんど補強が中心で、軒先を支えるために竜や獅子などの支柱を新造したり、飾金具などの修補も行っている。とくにこの修理には徳川家と桂昌院の寄進に拠るところが多いこともあり、幕府の許可を受けて堂塔の甍には『徳川家』と『桂昌院』の紋様の瓦を葺いている。

この修理のもう一つの特徴は、修理業者たちによる入札制度を導入していることである。最も多くの建物の修理を落札した業者は、京の井筒屋七郎兵衛であった。その井筒屋は元禄九年に五重塔や金堂、廻廊、鐘楼、経蔵、御供所などの諸堂の修理を落札しており、翌元禄一〇年にも諸堂二〇ヶ所の修理を請負っている。すでに紹介したように室町時代から法隆寺の近在に止住していた大工仲間たちが組織化し、その代表的な大工のことを四天王に擬えて『四大工職』と称して法隆寺から任命を受ける慣習が生まれていた。ところがその大工たちが法隆寺の総社などの建物を修理したときに、法外な修理費用を請求したことが発覚したのである。そのために法隆寺が任命していた『四大工職』の資格を召し上げられ、大工たちが法隆寺に出入りすることを禁止する処置を受けている。いよいよ伽藍の本格的な修理がはじまることもあり、元禄八年二月に中井役所の仲裁によって大工たちは法隆寺に対して詫び状を入れている。それによって再び法隆寺への出入りが許され、井筒屋などの落札業者の指揮のもとに修理に従事をすることとなった。おそらく大工たちが法隆寺への出入りが叶うように中井役所へ懇願したのであろう。なお井筒屋が請負った木工以外の石工や瓦工、金具工などにはそれぞれに法隆寺から直接に賃金を支払っている。このときの修理の内容については、ほとんどの工事の仕様書や決算書などが現存しており、この元禄の修理の内容は慶長の修理に比べて大改造はきわめて少なく、柱のゆるみを直したり損壊した部材を取り替えるといったもので、現状維持にその中心を置いたものであった。これらの建物の修理と並行して、仏像や絵画、法具、雅楽道具などの宝物類を修理をしている。とくに秘仏として名高い夢殿のご本尊である救世観音像も、元禄九年に修理を受けている。なお、この元禄の大修理は宝永四年（一七〇七）ごろまで続いたが、それがほぼ完成した宝永七年（一七一〇）ごろからは子院の修造が行われ、現存する子院建築のほとんどはこの時代に修理したり、新造をしたものである。とくに表門はこの期に造立されたものが多く、子院研究の貴重な資料となっている。

なお将軍綱吉の生母桂昌院が、元禄七年から宝永二年（一七〇五）に遷化するまでの一二年間にわたって多大の修理料を寄進されていることを特記しておきたい。

学問に勤しむ寺僧たちの姿

徳川政権の安定は、法隆寺で施行する法則にも大きな影響を及ぼした。すでに、そのころ興福寺僧が法隆寺別当職に補任する慣習も自然廃止され、法隆寺の学侶の首座の寺僧が寺務職（法隆寺代表者）に就任していた。しかも法隆寺の運営は、学侶たちの集会で協議をして決定をする合議制であった。その決定に対して、堂方たちは意見さえ述べることが許されていない。そのような封建的な風潮が強まるなかで、つぎのような寺僧の役職が定められている。

寺務職（法隆寺の代表者のこと）、年会伍師（その年の対外的な公務と一山の寺務を担当）、修理奉行（伽藍の修理を担当）、納所奉行（寺領の支配と知行の配分を担当）、公文所（寺僧の官位の任命を担当）、沙汰衆（寺務に関する事項を寺僧などに通知することを担当）、学頭職（勧学院に住して学問の振興を図る）などをはじめとする役職を中心とする組織のもとに法隆寺の運営が行われたのである。

とくに元禄四年（一六九一）には、中院覚勝の提案によって毎年の年会伍師を勤めた寺僧たちの手によって、法隆寺日記である『法隆寺年会日次記』を記しはじめることとなる。

幸い幕末まで日次記のほとんどが遺っており、この時期の法隆寺の動向を伝える貴重な資料となっている。ところが享保一二年（一七二七）正月一八日の夜半に、勧学院の宸殿解脱之間・対之屋・唐門などが悉く焼失し、そのときに聖教類なども焼失している。その中には法隆寺の古記録類が含まれていた。ところが幸いなことに『古今一陽集』や『良訓補忘集』をはじめとする記録書や法具類、棟札などの墨書銘などによって、その欠を補うことが出来る。

中心伽藍も慶長年間の大修理によってしばらくは修理の必要もなく、子院関係の造営や修理が行われていたことが棟札銘によって明らかである。とくにこの期を代表する事件としては、元和八年（一六二二）に、金光院と律学院が焼失して堂方の記録書の多数を失ったことであった。堂方たちはすぐさま律学院の再興に着手しようとして勧進をしている。ところが再興資金にこと欠き、その完成までに半世紀以上を要したらしい。それは、昭和五一～五三年（一九七六～一九七八）の間に行われた律学院の解体修理によって判明している。

すでに紹介をしたように元禄七年からの出開帳による浄財によって未曾有の大修理が施され、その修理は建物のみにとどまらず、仏像、仏画、法具をはじめとする多くの寺宝に及んだことは、その墨書銘などによって知ることが出来る。なお、浄財を得るために行われた宝物のご開帳にも関連して、その宝物の由来や霊験を記す必要もあり、元禄一一年（一六九八）に、『法隆寺堂社霊験并佛菩薩像数量等記』を作成している。そのころ覚勝の後継者で学僧でもあった良訓という寺僧が、古記録の保護に努め、法隆寺をはじめ子院の反古の中から発見した古文書を整理してその修復を行い、他家所蔵のものなども書写を行っている。現在、法隆寺が所蔵する古記録のほとんどは良訓の修復によって伝わったものであり、法隆寺の古文献の保護に努めた良訓の功績は高い。そのような基礎資料をもとに良訓が法隆寺の歴史とそのころの現状をまとめたのが『古今一陽集』であり、法隆寺を研究する上で不可欠の史料となっている。

その後、天保七年（一八三六）ごろには、寺僧の覚賢が法隆寺に伝わる金石文や諸記録を集めた『斑鳩古事便覧』を著している。これもそのころ行われた法隆寺のご開帳の記録として作成をしたものであり、『古今一陽集』とともにこの期の法隆寺の姿を伝える貴重な史料である。

なお、この時代に法隆寺で行われていた学問の様子を紹介しておこう。

まずそのころの宗派については、寛永一〇年（一六三三）の『和州法隆寺末寺帳』につぎのように記している。

「法隆寺宗旨之事。當寺は聖徳太子の御時より以来、三経院に於て毎年一夏九旬の間、三経同太子御製之義疏を講談せしめ候。仍りて三経宗（法華、勝鬘、維摩の三経）と号す。兼ねて習学する所は三論、法相、律宗、真言なり」

このように、法華・勝鬘・維摩の三経の講讃や三論・法相・律・真言を伝統教学としていたのである。

参考までに学問衆の間に施行された制度の要領を紹介しておきたい。

「学頭職」（勧学院に住して学問衆を統率し、唯識や因明などの諸教学の奥義をきわめて慈恩会や勝鬘会などの探題を勤める学僧のことをいう。但し、唯識、倶舎両論の奥義をきわめるまでにいたらない僧でも、学侶の上座位次に順じて学頭職に任命されることがあった。）

「初学衆」（仏教の基礎的な学問を修学する僧のことをいう。三経、同義疏の素読、唯識講の重難講問者の学問の基礎を修学する僧のこと。）

「擬講衆」（「太子伝」や「百法問答抄」などの講義が出来る学僧のこと）

「三経衆」（「三経院」で行う夏安居の講義の代講を行う学僧のこと）

「倶舎衆」（「倶舎論」の講義が出来る学僧のこと）

「唯識衆」（「唯識論」の講義が出来る学僧のこと）

「碩学衆」（法隆寺の寺僧の中で最も学識のある学僧のこと）

法隆寺の勧学院は瓦坊と呼ばれ、現在の収蔵庫の周辺を、その寺地としていたが元禄八年（一六九五）一二月九日に明王院（護摩堂の南面）の敷地へ移建している。

ところがすでにふれたように、享保一二年に勧学院が焼失してからは、学頭職の子院で講義を行うこととなった。

法隆寺の学頭に就任をしていた椿蔵院の実円という学僧が、延宝三年（一六七五）二月一八日から閏四月一四日の間に「唯識論」を講じており、それを自他宗の学徒たちが聴聞している記録もある。それ以降も観音院の高順、普門院の懐賛、弥勒院の懐賢、西南院の行秀が学頭職に就任して唯織論などを講じていた。

参考までに、江戸時代の中ごろに法隆寺の安居の講師を勤めていた實雅という学僧が語った、そのころの口調が講本に記されているので紹介しておこう。

「明日（五月一六日）は朝の間は唯識の同音でござる故、夕談義でござる程に、そう心得さっしゃれ、八つどき（午後二時）になってからはじまりまする」

ところが法隆寺の学問も序々に衰えを見せて、ついに学頭職は寺務職が兼ねることとなった。そのようなときに法隆寺に一人の法相宗の教学を研鑽していた学僧がいた。

その僧の名を隆範といい、賢聖院に住んでいたのである。すでに文政九年（一八二六）の七月に隠居して暁光院と称していたがその年の九月には人びとの勧めに応じて自坊で『成唯識論述記』を講談している。その隆範が、ふたたび天保九年（一八三八）四月一六日から最後となる講義を行っている。その講義は、東大門と夢殿の中間の北側に建っている賢聖院という子院の広い客間で行われたのである。

講師の隆範はすでに六四歳になっていた。

隆範は床の間を背にして座り、その前に置かれた机の上には『成唯識論述記』の版本が積まれていた。法隆寺の寺僧たちをはじめとする多数の聴講者たちは講師に向い合うように座り、その広い客間だけでは収容しきれないほどの賑わいぶりであったという。

その中には、出家して三年目の千早定朝の姿もあった。

定朝は、そのときの思い出を明治二六年（一八九三）に法隆寺勧学院を開設したときに講演した『法相宗の興廃』の中で追懐している。

「本宗（法相宗）興廃の一節は予の曽て本寺碩徳隆範師の述記講筵の席に侍って聴きし所なり」

その隆範の学徳に対して、生前中に法隆寺は「法印権大僧都」の位を贈っている。これは法隆寺にとってきわめて異例なことであり、破格の推挙であった。そのころ法隆寺の末寺である律院の北室院の叡辨は真言律と法相を兼学する学徳の高い法匠として知られていた。叡辨は、要請に応じて京都清水寺や興福寺・伊勢にある浄土真宗高田派本山の専修寺などでも法相の講義を行っていた。しかし、江戸時代も末期に近づくと、寺運の衰えにともなって学問も大いに衰退を見せることとなる。

親鸞伝説

浄土真宗の開祖親鸞が、法隆寺の円明院の覚運に従ってインドの論理学である因明を学んだとする伝承がある。それを裏付けるように、法隆寺には親鸞が覚運に贈ったとする袈裟や親鸞自らが彫刻したという太子孝養像が伝わっている。親鸞が法隆寺を訪れたことを伝える記録は、延享三年（一七四六）の『古今一陽集』に、はじめて登場する。

しかしその記事の部分は幕末に近いころの追筆であり、信憑性にきわめて乏しい。

しかもそこには、親鸞と記さず浄土真宗の高僧の旧跡という表現がなされているだけである。ところが文久三年（一八六三）に書写した『古今一陽集』には、「本願寺宗之祖、親鸞聖人之旧跡」と記している。これによって『古今一陽集』が編集された延享三年から、それを書写した文久三年ごろの間に親鸞が法隆寺を訪れたとする伝承とその信仰が生まれたこととなる。

とくに親鸞が建久二年（一一九一）の秋ごろに法隆寺を訪れたとする記録は、浄土真宗高田派の本山専修寺の旧記にも見えると聞く。

親鸞は太子を和国の教主と仰ぎ、篤い信仰を抱いていたことは明らかであり、当然のことながら太子の寺である法隆寺を訪れたとしても決して不思議ではない。ところが、親鸞が寄宿したと伝える円明院という子院は鎌倉時代には存在せず、江戸時代に創建された新しい子院の一つであり不可解な点も多い。しかも私の調べたところでは、鎌倉時代に覚運という寺僧も実在しないのである。それらの疑問から、この伝承がいつごろ、どのようにして作られたのか、その真相を探りたいと思うようになった。そのようなときに明治九年（一八七六）に法隆寺の住職に就任した千早定朝が著した『円明院本尊太子木像縁起』という記録が目に止まったのである。

その記録には、そのころの伝承の様子を詳しく記しているので、参考までに、その内容を要約して紹介しておきたい。

千早定朝が幼年のころに、東京下谷唯念寺（高田派）山内の願寿寺という寺の衆徒である巌定（号は台草）という書家が法隆寺を訪れて実相院に滞在したことがあった。定朝は若輩の寺僧たちと一緒に天保一一年（一八四〇）の秋から冬にかけて実相院を訪れて書道を学んだという。ある日のこと東蔵院の行賛という先輩の寺僧が宝相院を訪れて巌定と雑談していたのを、若輩の寺僧たちが二人の側近くで聞いたことがあった。そのとき巌定が行賛に対して、吾宗の宗祖親鸞が若いころに法隆寺で修学されたことが専修寺の伝記に見えるが、その場所はどこであろうか、と尋ねている。

その質問に対して行賛はつぎのように答えている。

「それは西円堂南正面石壇の寺跡が聖人留学の旧跡であり、そこの院主であった覚運に従って因明の口決を受けた因縁によって寺名を円明院と号した」（要旨）

しばらくして行賛が西円堂の年番役となり、翌天保一二年（一八四一）二月二七日に交代して西円堂の堂行事の役を勤めることとなった。

そうしたある日のこと、定朝は巌定を案内して西円堂を訪れたときに行賛が堂内から一体の太子孝養像を取り出して、これは元円明院の本尊で同院が退転したときに西円堂へ遷座したものと伝え聞いていると語ったのである。しかもその像の袖の下に「奉範宴少納言」の銘文があり、親鸞が彫刻した証拠であると。それを聞いた巌定は大いに感激をした。定朝自身も、そのような由来ははじめて聞くものであった。日ごろこの太子像は西円堂内の一隅に安置しており、毎年二月の会式のときには東正面に出しているという。

そのころ、法隆寺村に智周房という浄土真宗の僧が居住して一六歳の木像を彫刻していたという。行賛はそれを請い求めて西円堂に安置し、それまで西円堂に伝来していたという親鸞作の太子像として法隆寺一山の集会に披露したという噂も広まっていた。やがて行賛が、この像を天保一三年（一八四二）の江戸出開帳に出陳して信心の篤い真宗門徒から浄財を集めることを計画した。それに合わせて、この太子像のお厨子を新調することとした。幸いその行賛の伯父にあたる藤井治部という人が西本願寺の家令をしていた縁もあり、西本願寺に対して厨子新調の勧進を行ったのである。それによって天保一三年正月に西本願寺の広如から立派な厨子を寄付されることとなり、太子像は新調の厨子とともに江戸の出開帳に出陳されることになった。この出開帳に当たって巌定が太子像や袈裟の縁起を記して、その由来を門徒の人びとに広く布教することとなる。そのために太子像などの版木を作っている。これが定朝が記録したものの要旨である。

なお不思議なことに法隆寺には「奉範宴少納言」の刻銘のある太子一六歳像が二体あり、まったく同じように見えるが、一体はきわめて新しく、もう一体は少し古いように見える。

定朝の口述に従えば、前者は智周房が彫刻した像である可能性が高くなる。もう一体の像は南北朝ごろの作とする説もあり、足の部分には補修のあとも見られる。それは智周房による補修かも知れない。しかしその伝来過程などは明らかでない。また袈裟の伝説についても、法隆寺における親鸞の伝承とともに生じたものと考えられるが親鸞の時代の袈裟であることは確からしい。この袈裟も天保一三年の出開帳に出陳された。その時に新調した黒漆塗りの立派な箱に納められており、蓋の上には金泥で「親鸞聖人御袈裟」と記している。天保一三年に行われた江戸での出開帳のときには浄土真宗の門徒の参拝を期待して東西本願寺をはじめ仏光寺、興正寺にも協力方を依頼するために訪れている。

そしてこの太子一六歳像と袈裟を出開帳の会場である回向院に到着するまでに、築地にあった西本願寺の掛所に立ち寄ってご開帳を行っている。

第六章

廃仏の嵐を超えて

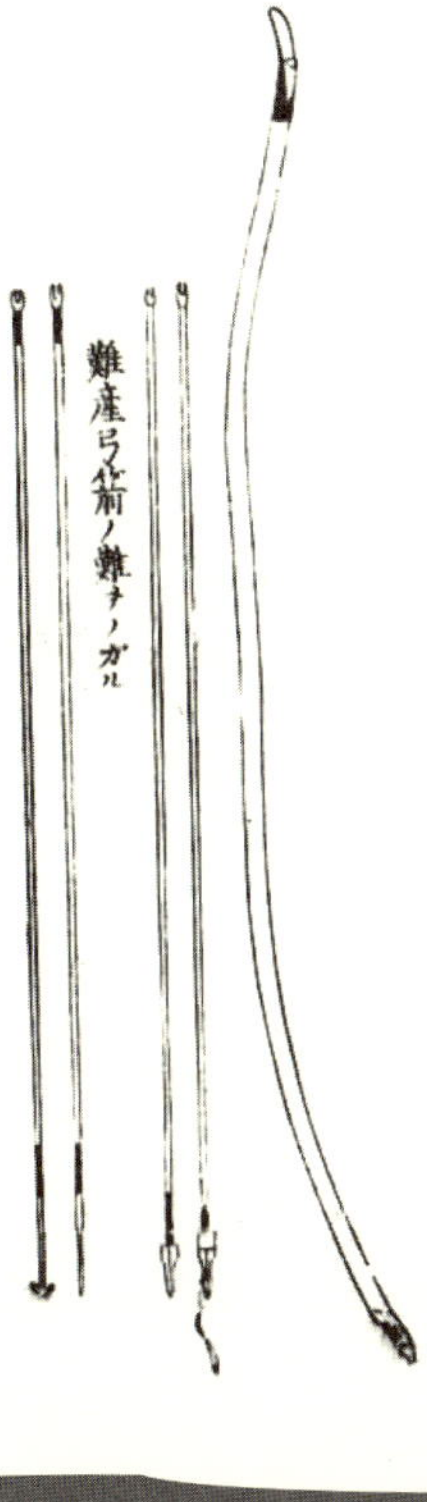

七種宝物　梓真弓（『御宝物圖繪』）

吹き荒れる廃仏の嵐

徳川政権が終焉へ向かう足音が近づくにつれて尊皇攘夷論《そんのうじょういろん》が沸き起った。天皇の親政《しんせい》と外国を排撃して鎖国を唱えるものである。それに歩調を合わすように廃仏の声も日ごとに高まりを見せた。それは日本固有の文化とその精神を発揚する国学の思想が大いに影響していた。

太子は異国の仏教を広め、崇峻天皇弑逆《しぎゃく》にも加担をした、として痛烈に批判をされていた。寺院にまで平田篤胤などの国学が浸透し、仏教は浅ましい教えであるとして若い僧たちが退寺離散をしている。

そのような時期にペリー提督が率いるアメリカの東インド艦隊が開港を迫った。嘉永六年（一八五三）の黒船来襲である。

慶応三年（一八六七）一二月九日、ついに王政復古が宣言された。維新政府では、天皇親政の正当性を神話に求めて神道を国教化することに懸命となった。慶応四年（一八六八）三月にその方策として「神仏判然令《しんぶつはんぜんれい》」を布告。社前の仏像や仏具を取り除くことを命じた。これは仏教教団に強い衝撃と不安を抱かせ、一〇〇〇年に及んで寺院と神社が融合しつつ歩んだ「神仏習合《しんぶつしゅうごう》」は壊滅した。神社を管理する社僧に神官となることを奨励し、仏教色の一掃にも拍車をかけた。寺院の支配を受けていた神官たちの鬱憤も、それを大いに助長している。

そのころ南都随一の勢力を誇っていた興福寺も大きく変貌を遂げる。慶応三年（一八六七）一二月には寺僧たちが、いち早く朝廷に恭順の意を表明。翌年には大坂行幸の守衛や大和国の行政権を委任され、一乗院や大乗院の門跡をはじめとする寺僧たちは挙って復飾をした。復飾とは僧侶が還俗をすることであり、それによって神祇官《じんぎかん》から春日社（現・春日大社）の神官になることが許された。神祇官とは、慶応四年に神祇や祭祀などを総括するために置かれた官庁のことをいう。

法隆寺でも寺僧が還俗したり隠居をしていた。その渦中で身を以って変革を実行した寺僧がいた。のちに法相宗の初代管長に就任し、法隆寺や興福寺、清水寺の住職を兼務する千早定朝である。強い使命感のもとに悪しき慣例を廃止することを提唱。その優れた指導力によって多くの抵抗勢力に立ち向いつつ見事に法隆寺を再生させた。人びとは定朝を評して「師の学徳資性才幹、共に衆に卓越すること数等にして」と称賛した。法隆寺を復興するために苦難を経験した千早定朝は、つぎのような口述筆記を遺している。

「明治紀元之春、皇政復古維新悉く旧弊（古い習慣からくる弊害）一洗の命令を出さる。茲に於て我寺門（法隆寺）に於ても規律を復古し陋習《ろうしゅう》（悪い習慣）一洗の制宜《せいぎ》（制度）を催さんと欲す。然りと雖も今回の大変動古今未曾有なる処なり。獅子身中の虫といふべき輩《やから》多く出来《しゅったい》、（法隆寺が）魔界の境界（悪魔の世界）となり、実に内外（法隆寺の内や外）に敵を受けおり、油断成り難く、種々の辛苦《しんく》（辛いことが起こって苦しむ）を嘗《な》め（経験する）」

過ぎ去った嵐を追懐しつつ、定朝が口述筆記させたものの一節である。これは、維新の激変に苦渋した様子を生々しく伝える好資料でもある。

混迷する奈良の寺院

興福寺では諸堂や子院の多くは破壊され、わずかに中心の堂塔だけを残す哀れな姿となった。一乗院は奈良県庁（のちに裁判所となる）、他の堂舎にも官庁が置かれた。石上神宮《いそのかみ》の永久寺《えいきゅうじ》や大神神社《おおみわ》の大御輪寺《だいごりんじ》などの神宮寺（神社に付属して建てられた寺）もまたたく間に廃寺となった。興福寺の五重塔も二五円（五円など諸説がある）で売却されようとしたり、仏像や経典の破棄によって巷に流出するものも多かった。

神官となった旧興福寺僧たちの中には、華族となり爵位を授かる人も現れる。それを「奈良華族《ならかぞく》」と呼ぶ。奈良の町では、一つの流行唄が囁かれていたと聞く。

「坊主あたまに冠《かんむり》のせて、載《の》るか載らぬか載せてみよ」

これは興福寺を捨てた奈良華族たちを風刺するものである。

明治二年（一八六九）に法隆寺で不可解な事件が起った。それを「菅廟破却事件《かんびょうはきゃくじけん》」と呼ぶ。寺僧が「天満宮」の社殿を破壊したのである。境内から神道色の一掃を急ぎすぎたのだろうか。寺院を破壊しても社殿を壊すことは考えられない出来事であった。それを命じた寺僧はすぐさま役所から「隠居せよ」との判決を受けている。そのころ寺院の権威は見る影もなく失墜。境内へ牛や馬を繋いだり、農具を放置することによって悪臭が漂っていた。それからもしばらくは激動の時代が続く。

社寺は古くから経済源として多くの領地を有していた。古い寺院には檀家や信者がなく、領地から納められる米などが主たる財源であった。ところが豊臣秀吉による改易で、新しく知行が与えられた。すでに紹介したように興福寺が二一、一一九石、東大寺が二、二一〇石、法隆寺は一、〇〇〇石、西大寺、薬師寺、唐招提寺がそれぞれ三〇〇石である。

この知行高のままで維新を迎えた。そして更に寺院が困窮する新しい政策が施行された。逓減禄制《ていげんろくせい》である。一年目は知行の四分の一、その翌年から九年間は、更にその半分が下賜されたが、一〇年後に全廃となった。

寺院では旧弊を一新する制度の改革を行いつつ、近代化への道を歩み出そうとしたときのことである。

その出端を挫く大打撃が襲った。明治四年（一八七一）の上知令《あげちれい》である。社寺で法会や祭礼を行う境内地以外をすべて官有地として召し上げられ、一般入札にかけられた。もしそれが個人の所有となれば、境内が田畑や宅地へと変貌する。社寺にとっては一大事であり、率先してそれを落札し、かろうじて旧態を留めることに努めた。

維新の変革（宗派の併合）

古代の寺院では、中国や朝鮮半島の国々から伝わった三論宗や法相宗、華厳宗などの教学を研鑽していた。そのころ寺院内には学派的なものはあっても、特定の宗派はなかった。それが古い寺院の特徴でもある。ところが維新の変動によって、その法灯を踏襲することが難しくなった。

明治五年（一八七二）一〇月に「法相宗」「華厳宗」「律宗」などの小さな宗派は「天台宗」「真言宗」「浄土宗」「浄土真宗」「禅宗」「日蓮宗」などの大きな宗派に併合せよ、との布告が出たからである。

奈良の寺院では旧来の宗派名の存続を請願したが、ついに認められることはなかった。やがて大宗派からの勧誘もあり、法隆寺や西大寺、唐招提寺、薬師寺は真言宗、東大寺は浄土宗の所轄をうけた。

ところが奈良の四ヶ寺では真言宗から分離独立することを模索し、京都でも仁和寺・大覚寺・広隆寺・神護寺が独立を考えていた。それぞれの寺院の教学は異なっていたが、取りあえず真言宗から離脱をする手段として京都と奈良の八ヶ寺は明治一一年（一八七八）に別立真言宗西部として独立を果たした。ところが、その宗派も再び真言宗へ併合されることとなる。

奈良では、廃寺同然の姿となっていた興福寺が明治一四年（一八八一）に再興された。そのころ真言宗から離脱することに奔走していた法隆寺に対して、内務省宗教局から思いがけない内意が届いた。興福寺と協力して出願をすれば独立を許可するとの有り難い知らせである。

それは、藤原氏の氏寺である興福寺の再興に奔走した官僚たちの政治的配慮によるものに他ならなかった。その翌年に興福寺と法隆寺は、法相宗への独立許可を得ている。これは奈良の寺院として画期的であった。東大寺が浄土宗から華厳宗へ独立し、薬師寺が真言宗から法相宗へ加入依頼をしたのは明治一九年（一八八六）、西大寺が真言宗から真言律宗へ独立したのは明治二七年（一八九四）、唐招提寺が真言宗から律宗へ独立したのが明治三三年（一九〇〇）のことである。

やがて寺院は、頽廃の渦中から復興への道を歩む兆しを見せ始めた。そのころ老朽化が著しい堂塔と仏像の修理に必要な費用や寺院の維持費を捻出するために、寺宝の譲渡もしばしば行われている。昨今の寺院の姿からは想像することが出来ないような苦境に立たされていたのである。

壬申の宝物調査

社寺には多くの宝物が伝来していた。

廃仏の嵐が鎮静化しつつあった明治四年（一八七一）に、文化財の散失を恐れた政府は「古器旧物《こききゅうぶつ》保存方《ほぞんかた》」を布告した。

これは日本の文化財行政の魁《さきがけ》である。仏像など寺宝が破壊されたり流失していることに憂慮する有識者たちの声が大いに影響した。その翌年に、政府ははじめて全国の古社寺が所蔵する宝物の調査を実施。それを「壬申《じんしん》（明治五年・一八七二）の調査」と呼ぶ。

法隆寺には太子の時代からの多くの宝物が伝わっていた。それらの宝物のほとんどは綱封蔵に安置しており、古くからその開閉は寺僧たちによって厳重に行ってきた。また金堂や舎利殿などの諸堂にも多くの宝物が収められていた。

寺僧たちは、それらの宝物はすべて太子信仰の貴い遺産であるとの考えから大切に守ってきたのである。しかし堂塔に安置している本尊などの代表的な宝物の目録はあっても、ほとんどの宝物の完全な台帳は無かったのである。その法隆寺は宝物の目録もないままに、明治維新という混乱期を迎えたのであった。法隆寺の調査は、明治五年の八月に行われている。

調査には、日本の古文化財の保護行政に大きな足跡を遺すこととなる町田久成、内田正雄、蜷川式胤などが出張していた。そして横山松三郎という写真師も同行していたのである。この横山によって、法隆寺の建物や宝物がはじめて写真によって紹介をされることとなる。調査団は法隆寺の夢殿の近くにあった旅館に泊り、三日間にわたって法隆寺の総合調査を行っている。政府による調査が行われるとの役所からの知らせを受けた定朝は、寺僧たちを子院の普門院に集めている。それは、政府の調査に支障が生じないように対処することを打ち合せるためであった。定朝の頭の中には三年前のあの悩ましい「菅廟破却事件」のことがあり、役人との対応にはとくに神経を尖らせていたのであろう。

この調査には法隆寺の寺僧たちも立ち会い、町田らは金堂などの主要な建物に入って仏像などを綿密に調査している。調査を終了したものには検査済の紙を貼った。とくに運搬の可能な宝物は普門院へ運ばせて入念に調べており、その調査にはきわめて強引なものがあった。たとえば古くから開いてはならないという掟がある「善光寺如来御書箱」を開いていたことである。その箱の中には、信濃の善光寺如来から聖徳太子へ宛てた手紙が三通入っているという伝説があった。しかし、それは古くからの信仰によって開かれることはなかった。ところがそれを強引に開いて調査をしたのである。

そこには言い伝え通りに三通の書状が入っていた。その一通を「柏木」という調査員が写し取ったものが東京国立博物館にある。

この調査によって法隆寺の宝物の基本台帳が作成され、その目録は調査団と法隆寺側に保管された。

定朝は寺僧たちに対して、今後はこの目録通りに宝物をしっかりと保存することを命じている。調査された宝物が、不始末から万一紛失するようなことがあれば役所からお咎めを受けることを法隆寺が恐れていたのである。定朝の指示によって明治八年（一八七五）に作成した宝物目録にも、明治五年の調査のときに調査団から、今後は寺僧たちが勝手に宝物を移動することを禁止するよう、強く言い渡されていたことを記している。

この調査では信仰を踏みにじるような強引な一面もあったが、宝物の管理は厳重になり文化的価値も高く評価される要因の一つとなった。

ちょうど、そのころ一つの画期的な計画が奈良で実行されようとしていた。

それは東大寺の大仏殿とその廻廊で、奈良の社寺や個人が所有していた古物や奈良の特産品などを集めた大展覧会を開催しようというものであった。

そのころ副知事に当たる権令の藤井千尋の勧めで、植村久道らの奈良の有力者たちが「奈良博覧会会社」を組織して、明治八年に開いた奈良博覧会である。

その大展覧会は四月一日から六月一九日まで開かれた。この企画には壬申の調査を行った町田久成や蜷川式胤らが協力し、出陳物についても助言をしていたものと考えられる。その内容は正倉院と法隆寺の宝物が中心で、古代のすばらしい文化財が一堂に会する有史以来はじめての画期的な催しであり、多くの人びとの関心を集めた。

その『奈良博覧会の出陳目録』（明治八年四月）には、つぎのように記している。

「奈良博覧物品目録第壱号

会場陳列の物品は大半正倉院宝庫天武天皇より孝謙天皇に至る七朝の御物にして、何《いず》れも一千有余年の物たり、加之《しかのみならず》法隆寺所蔵の聖徳太子の御物を以てすれば実に我朝古昔物品製造の宏大なるを徴《ちょう》するに余りあるものなれば云々」

この展覧会によって、正倉院と法隆寺の宝物のすばらしさが広く世に知られることとなる。この展覧会は大好評で、その後も毎年続けられ奈良の年中行事の一つとなった。

法隆寺の宝物の貴重な存在であることは明治五年の調査と、この展覧会によって認識されることとなる。ちょうど、そのころ欧米にならって東京に博物館を建設しようとする計画が持ち上がっていた。それは欧米諸国を訪れた岩倉具視使節団による、「文明開化の旅」の副産物であったらしい。それを計画したのが、明治五年の調査の中心人物であった町田久成である。町田は文部省博物館局長から帝室博物館長を務め、わが国の博物館の基礎を築き上げた人物として知られている。その帝室博物館とは現在の東京国立博物館の前身のことである。

決意した宝物の献納

そのころ政府では、古くから天皇の勅封となっていた宝物などが寺院で保管されていることに対して大いに憂えていた。それは寺院の制度が変化したために、宝物類の永世保護が難しくなっていることを心配したことによる。そのような背景によって、明治八年（一八七五）から正倉院を内務省の所轄としている。その状況を風聞した定朝は、この機会に法隆寺から積極的に皇室へ宝物を献納しよう、と考えることとなる。

いうまでもなく定朝がそれを独自の判断で決意したのではなかった。それには平岡鳩平という人物が深く関わっていた可能性が高い。平岡鳩平は法隆寺村で煙管屋を営んでいたが、勤皇の志が強く大和で挙兵した天誅組に加わっている。その功績によって横浜開港裁判官をしていたのである。その平岡は維新後に北畠治房と名乗っていた。やがて北畠は明治二四年（一八九一）に大阪控訴院長となり、同二九年（一八九六）には王政復古のために偉大な勲功があったとして華族に列することが許されて、男爵を授かり、正二位を賜っている。片田舎の法隆寺村としては最高の出世頭であり、定朝は何かにつけて北畠に相談をしている。

その北畠は自分の郷里に立派な邸宅を構えていた。その北畠邸は、夢殿の南にある町並の中に建てられている。とくに、その庭園へ若草伽藍跡から大きな礎石を運び込んだことは有名な話として語り継がれている。北畠はその権勢にことよせて無謀なこともしたが、法隆寺の良き理解者として擁護する一面もあった。その北畠が、定朝の意向を受けて町田久成などと宝物を献納することについて協議をしていた可能性もある。それを裏付けるように明治九年（一八七六）に北畠は、法隆寺から五重塔内の塑像を手元へ取り寄せており、そのことを伝聞した町田は是非ともその塑像を展覧会へ出陳してほしいと要請している記録が遺っている。そのようなときに、献納宝物のことなども二人で話し合われた可能性は否定出来ない。なお、定朝が宝物の献納を最終的に決意をした理由は明らかでないが、おそらくつぎのようなものであったと考えられる。

○各寺院では管理に困って宝物を売り払う傾向にあるが、法隆寺では絶対そのようなことがないようにしたいこと。

○宝物を献納することによって、政府において法隆寺の存在を知ってもらえるならば、真言宗からの独立も実現可能となるのではないか。

○宝物を献納することによって、政府から恩賞金が下賜されるならば、それを基本金として法隆寺を復興したいこと。

やがて定朝は寺僧たちを一堂に集め、宝物の献納についてその理由を詳しく説明してその賛同を求めた。定朝は、この計画には北畠が賛成していることを付け加えたはずである。定朝の意見に反対するものはなかった。これで法隆寺側の態度は決定した。

おそらく定朝の要請を受けたであろう、北畠は町田や堺県令の税所篤とも充分に連絡を取り合っていたはずである。やがて法隆寺から堺県の県令であった税所篤宛に、「法隆寺御蔵物品目録」を添えた「古器物献備御願」(明治九年一一月)を提出した。それにはつぎのように記されている。

「法隆寺の宝物は、聖徳太子以来のもので法隆寺では大切に守護を致してまいりました。ところが近年、法隆寺は衰微いたしまして、大切な宝物を収めている宝蔵も雨漏りがする有様であります。宝物の中には中国の隋時代の宝物も含まれております。この度、別紙の目録に記しました宝物をすべて献納することによって、勤王の万分の一にもかなえることが出来れば幸せに存じます」(要旨)

この書類には、宝物献納に同意する一一名の寺僧の署名が添えられていた。ところが、この書類とは少し内容の異なるものが、もう一通作られていたのである。それには「若しこの献納によって下賜金をいただけるならば、それを法隆寺の復興金と致します」と記していた。しかし、それは下賜金を要求するものである、という理由から採用されなかった。「法隆寺御蔵物品目録」には、「衲袈裟」をはじめとする宝物一五六件と塵介小切一三櫃、長持二棹のことが記されていた。その内容は、飛鳥時代から江戸時代までの仏像、仏画、書蹟、仏具、調度品、文房具、武器などの優品が多く含まれていたのである。おそらくこの目録の基本となったものは、明治五年(一八七二)の調査目録と同八年の奈良博覧会の出陳目録であったと考えられる。すでに献納宝物の品々は明治九年度の奈良博覧会が閉幕したあと、しばらく東大寺の東南院に預けられていたのである。この献納願を受け取った税所篤は、明治一〇年(一八七七)二月に法隆寺から皇室へ宝物を献納したいとの願書を提出していることを奏上した。しかし、そのころ西南戦争が勃発しており、宝物献納のことは、しばらく保留された形となったが、やがて西南戦争の収束にともない明治一一年(一八七八)二月二七日付けで、宮内大臣徳大寺実則から宝物献納を受理するという通達が堺県令宛に伝達された。それには、つぎのようなことが付記されていた。

「このたび大和国平群郡法隆寺村にある法隆寺の宝物が献納されることを決定した。それについて特別の思し召しをもって一万円が下賜されることとなった。今後はその恩賜金をもって法隆寺の建物の修理と法隆寺を末長く保存することを期待する」（要旨）

それにともなって、東大寺の東南院へ預けていた宝物が正倉院へ移されることとなる。この決定によって定朝は下賜金の使用方法などについても北畠の指示を仰いだ。やがて北畠の指示のもとに、この下賜金によって公債を購入している。定朝はこの公債を寺僧たちが勝手に引き落とすことを憂いて、公債の債券を堺県に預け、その利息金だけを毎年の法隆寺の維持基金として受け取っている。このように、宝物献納が法隆寺を再生するための出発点となったのである。

法隆寺を訪れた欧米の人びと

明治五年（一八七二）の宝物調査や明治一一年（一八七八）の宝物献納によって、法隆寺の存在が重要視されるようになった。寺僧たちは堂塔や宝物の価値が認められることが、法隆寺の復興にもつながるものと確信していた。やがて、法隆寺の仏教美術のすばらしさを伝聞した外国人が法隆寺を訪れるようになる。そのころ政府のお雇い外国人は五〇〇名余り、府県や私雇の外国人は一〇〇名余りであったという。そのような外国人の中で、大森貝塚を発見したことで有名な生物学者エドワード・モースのことがよく知られている。そのモースは日本で蒐集した多くのコレクションを収納するために、アメリカのマサチューセッツ州のセーラムにピーボディー博物館を創設している。そのモースの影響を受けたのが、チャールズ・ウェルドとウイリアム・ビゲローであったという。

明治一四年（一八八一）にビゲローは友人のウェルドとともに来日し、フェノロサや岡倉天心とともに日本美術の研究とその蒐集を行っている。

このビゲローはボストンの医師で富豪のコレクターとしても知られており、フェノロサのコレクションの多くを購入してボストン美術館などへ寄贈した人としても名高い。アーネスト・フェノロサは明治一一年に東京帝国大学の哲学や美学・経済学・社会学などの講師として招へいされて来日していた。講義のかたわら、急激な西洋美術の流入によって衰退の一途を辿りつつあった日本の伝統美術を高く評価し、古画などの鑑定法を研究したり、歴史を調べて、独自の日本美術観を抱くようになった。なお、その滞在中に蒐集した美術品の中には、日本の国宝級のものも含まれている。とくにこのフェノロサとビゲローの二人が法隆寺に遺した足跡はきわめて大きい。明治一三年（一八八〇）の九月にフェノロサは、岡倉天心にともなわれてはじめて法隆寺を訪れたとする記録もあるが、そのときの詳しいことはわからない。『法隆寺日記』には明治一七年（一八八四）の八月一六日にフェノロサがビゲローや岡倉天心とともに法隆寺を訪れ、寺僧たちの案内で伽藍を拝観していたことを記している。

翌一七日から綱封蔵で仏像や古器などの調査を行い、その素晴らしさに感動した。やがて調査を終えた三人は二〇日に寺務所を訪れて、調査の謝礼として三円を寄付している。そのときに岡倉天心、フェノロサ、ビゲローは夢殿のご本尊である救世観音像を寺僧たちの反対を押切って開いたときの様子を興奮気味に語ったことがまことしやかに語り継がれている。

しかし不可解なことに『法隆寺日記』などには、夢殿本尊の開扉に関する記載はない。どうしたことか、率先して記録することに懸命となっていた千早定朝が何も書き残していないのである。

このときにビゲローは法隆寺が所蔵していた蓮池図（重要文化財・鎌倉前半期）が著しく破損しているのを見て、その修理費用を寄付することを申し出ている。法隆寺では、欧米人からそのような寄付金を受け取ることに一抹の不安を感じていたらしい。それは役所の許可なくして寄附金を受け取れば、どのようなお咎めがあるかもしれない、という心配があったからである。そのことから、つぎのようなお伺いを大阪府へ提出して、その指示を待った。

「七月八日付でご通知がありました文部省御用掛の岡倉覚三とアメリカ人のフェノロサ及びビゲローの三名は八月一六日より二〇日までの期間に法隆寺の建物や宝物を調査されました。そのときフェノロサに同行していたビゲローが蓮池図が破損しているのをご覧になってその修理費用を寄付を致したいと申されています。是非とも、その受託の可否をご指示いただきますようにお願いを申上げます」（要旨）

やがて大阪府の許可を得て蓮池図の修復に着手している。それに続いてビゲローは四騎獅子狩文錦（国宝・七世紀前半）の修理も行っている。

それらの修理に関するビゲローの自筆文の直訳（要旨）を紹介しておこう。

「一八八四年一〇月一五日・私は巨勢金岡が描いたと伝える蓮と鳥の古画を保存するために修復して屛風に仕立てました。アメリカ合衆国ボストン府・ダフルユウ・エス・ビゲロー・住職の求めに応じて記します。

私はさらに聖徳太子の持ち物であったと伝える四天王紋錦の旗を修復しました。そして二〇円を法隆寺へ寄付致しました。ダフルユウ・エス・ビゲロー」

そのころ、人びとから寄せられた浄財を記録するために『法隆寺懇志簿』を作成している。その序文には、ビゲローからの寄付について、つぎのような要旨を記している。

「法隆寺では多くの宝物を皇室へ献納いたしましたが、それでもなお多くの宝物が伝わっています。その中でも四天王紋錦の旗と巨勢金岡の花鳥の画は有名なものです。最近、アメリカ・ボストンのビゲローという奇特な人物がその修理費を寄付し、さらに二〇円を寄付されました。それを記念してこの「懇志簿」を作ることとしました。これからも日本や外国の拝観者たちがビゲローのように法隆寺の維持保存のために浄財を寄付されることを願っております」

このフェノロサやビゲローに続いて、明治一八年（一八八五）九月二七日にボストン美術館の日本コレクションの蒐集に貢献したというウェルドが法隆寺を訪れ、刀剣類の修理費用として一〇円を寄付した。法隆寺では、その寄付金で短刀三二本の修理を行っている。このような外国人からの寄付の申し出を定朝は非常に感激し、それが法隆寺の復興につながるものと大いに期待をしていた。

明治二八年（一八九五）の『法隆寺伽藍縁起幷宝物目録緒言』に記している文言からも、その喜びが伝わってくる。

「欧米から法隆寺を訪問した人びとも次のように云っています。法隆寺は一三〇〇年前のきわめて古い木造建築であり、合せてその美しさも世界第一であると。そして、それを修理し保存するための費用として資金を寄付していただきました」（要旨）

法隆寺の苦難を救うために百萬塔の譲渡

天平宝字八年（七六四）九月に、太政大臣であった藤原仲麻呂（恵美押勝）が叛乱を起した。それを「恵美押勝の乱」と呼ぶ。やがて孝謙天皇がその乱を鎮圧したときに『無垢浄光大陀羅尼経』の趣旨に従って弘願を発して、高さが四寸五分（約一三・五センチ）、径が三寸五分（約一〇・五センチ）の木造の三重小塔百萬基を完成した。その内部には陀羅尼が収められている。『無垢浄光大陀羅尼経』には、塔を造ることや経典を書写する功徳を説いている。とくに陀羅尼を書写して塔の中に安置して供養すれば現世において寿命を延ばし、この世のすべての争いはなくなり、悪賊怨敵はすべて鎮撫すると説く。その功徳は塔を新たに造顕するだけではなく、古い塔を修理して供養しても同じ功徳があるとする。その中には根本、慈心（自心印）、相輪、六度、大呪王、修造仏塔の六種の陀羅尼をあげて書写、造塔、修法の功徳を述べる（なお法隆寺に現存する陀羅尼には、修造仏塔と大呪王の二種類の陀羅尼はない）。これらの陀羅尼は楮紙（穀紙）に印刷したもので、制作年代があきらかなものとしては世界で最も古い印刷物である。しかし印刷方法には銅板説と木版説、活字版説があり、その結論は出ていない。この小塔は『薬師寺縁起』『興福寺流記』『南都七大寺巡禮記』『東大寺別当次第』『西大寺縁起流記資財帳』などの古文献によって各寺に分置していたことがわかる。

ところが明治時代には、ほとんどの寺院ではすでに失われ、ただ法隆寺のみに伝来していたという。江戸末期ごろまでは「小塔」と呼ぶことが多かったが、「無垢浄光陀羅尼塔」「百萬小塔」「百萬塔」などの名称もあった。ところが、明治九年（一八七六）の法隆寺献納御物の目録が作成されたころから「百萬塔」と呼ぶことが多くなり、明治二〇年代には「百萬塔」が正式名称となっている。また、「一萬節塔」や「十萬節塔」も、明治四〇年（一九〇七）に美術史家の平子鐸嶺が行った調査までは「一萬基算塔」「十萬基算塔」と呼んでいた。おそらく「一萬節塔」「十萬節塔」という名称は平子が命名したのかもしれない。一萬節塔（桧材）は全高四七・五センチのロクロ挽きの七重の塔で、百萬塔が一萬の満数になったときに作ったものという。十萬節塔（桧材）は全高七一・五センチのロクロ挽きの一三重の塔で百萬塔が十萬の満数になったときに作ったものとする。なお、それらの百萬塔の安置場所について、古い時代の記録はない。享保二年（一七一七）に夢殿や舎利殿などに安置したこともあったが、そのほとんどが、明治中期ごろまでは中門、金堂の

百萬塔

二階や夢殿、伝法堂などに分置していた。なお平子が調査をしてからは、法隆寺の大文庫と呼ぶ土蔵や東室に納めていたが、昭和五年（一九三〇）の再調査からは、タバコ輸送用の木箱に納めて、寺務所にある新倉と呼ぶ建物の二階に納めていた。

とくに法隆寺では明治四〇年（一九〇七）ごろに借財の返却と維持資金に困窮をしていた。明治二六年（一八九三）に行った夢殿などの修理費の負担金一、二八〇円と明治三四年（一九〇一）に寺山の払下げを受けたときの五〇〇円は借財によって凌いでいた。ところがその負債が膨らんで明治四〇年には一、二八〇円が六、二五五円余、五〇〇円が九八〇円余に膨れあがっていたのである。その負債を早急に返却することが法隆寺にとって早急に解決しなければならない大問題であった。そのために、百萬塔三〇〇基と紙本山水人物画屏風（伝周文筆）の譲渡を決断することとなる。それによって多額の負債を償却して、その残金で伽藍の修理や学徒の育成などに充当したいと考えたのである。そのことから、明治四〇年にそれらの処分を役所に願い出ている。それにともなって、法隆寺が所有している百萬塔の調査を平子鐸嶺に依頼したのである。このとき百萬塔の総数は四三、九三〇基、その他に組立塔一〇数基と節塔二基を確認している。その成果を公刊したのが『百萬小塔肆攷』（平子鐸嶺著・明治四一年〈一九〇八〉）である。やがて明治四〇年一月に「百萬塔一〇〇基。一萬、十萬節塔各一基。陀羅尼百巻」が国宝（現在は重要文化財）に指定されている。また同年五月には奈良県が百萬塔の調査を行い、九月三日に法隆寺維持基金確保のために百萬塔を譲渡することが正式に許可された。そのときに百萬塔は日本史の貴重な資料であり、是非とも学校の教材とすることを最優先として、その残りを一般の人びとに譲渡するように、との条件が添えられていた。法隆寺では住職の佐伯定胤が信徒総代を招集してその譲渡の方法について協議をしている。その席上には興福寺住職の大西良慶の姿があった。定胤が大西に同席を求めたのである。そのとき一人の信徒総代が、百萬塔の価値について古美術商の見積を報告している。それによると「百萬塔は一基七円、屏風は五、五〇〇円で譲り受けたい。百萬塔の納金の方法は一〇、〇〇〇円をすぐに納め、残りは百萬塔を受け取ったときに数回にわたって上納したい。残金には利息を支払うが、もし百萬塔が一基一〇円ということならば利息は免除してほしい」というものであった。これを聞いていた大西は、つぎのような発言をしている。「百萬塔には稀少価値があり、けっして一〇円を下るようなものではない。是非とも各界の人びとへ譲渡するために東京などで法隆寺が直接に譲渡することを検討すべきではないか」。大西は明治三八年（一九〇五）ごろから興福寺の破損仏を譲渡して、興福寺の基本金を作った経験があった。

そのような経緯のもとに、法隆寺が直接に譲与をすることとなる。すぐさま「百萬塔譲与規定」を作成した。このとき第一種（百萬塔と陀羅尼がともに完全なもの）三五円、第二種（百萬塔は小破しているが陀羅尼が完全なもの）二五円、第三種（百萬塔も陀羅尼も小破しているもの）二〇円、第四種（百萬塔も陀羅尼も相当に破損しているもの）一五円の譲渡金の条件を決めている。しかし、その内容と金額については若干の不統一も見られる。そのような背景のもとに、百萬塔を木函に入れて譲渡することとなった。定胤をはじめ、大西や佐伯良謙（のちの法隆寺住職）などが、大阪・東京で百萬塔の買主を求めて東奔西走している。

このようにして百萬塔九六二基が譲渡され、法隆寺復興のために大いに役立つこととなる。この譲渡に依って得た金額は、屏風と百萬塔とを合わせると三〇、二一〇円であった。なお明治四一年からの譲渡先については『百萬塔譲与者名簿』に譲渡先や年月日、金額などを詳しく記録している。

岡倉天心が提唱した法隆寺復興

明治二〇年代から法隆寺再建非再建論争が白熱化し、法隆寺の存在が大きくクローズアップされつつあった。明治三六年（一九〇三）に法隆寺住職に就任した佐伯定胤は、多くの学者たちとの親交を深めていた。とくに親交を結んだ人びとは、平子鐸嶺、荻野仲三郎、黒板勝美、正木直彦、香取秀真、伊東忠太、関野貞などである。

ちょうどそのころ、東京美術学校の校長であった正木直彦から明治四四年（一九一一）の五月二六日に定胤のもとに一通の手紙が届いた。それには来る六月一一日に東京美術学校の講堂で、太子祭と太子像（高村光雲作）の開眼法要を国華倶楽部の主催で行うこととなっているので、是非ともその導師を依頼したいという内容である。しかも、そのときに太子ゆかりの御物や、中国の仏像なども展覧をするので、最近法隆寺の土蔵から発見した金堂虚空蔵菩薩像（今の百済観音のこと）の宝冠を、出陳いただきたいという依頼も添えられていた。その要請に対して法隆寺ではすぐさま参詣する旨を回答し、六月九日に興福寺住職の大西良慶をともなって上京している。祭典の当日は午前一〇時から太子祭が開かれ、太子像の開眼供養に続いて、正木直彦が恭々しく祭文を朗読した。この式典に続いて午後一時から関野貞によって「美術史上に於ける法隆寺の地位」と題する講演があり、展示場では太子像、太子伝、仏像、経巻、仏器、染織刺繍、楽器、瓦磚、建築模型、金石拓本などの展観が行われた。この展示には、御物や法隆寺所蔵のものを含む優れた多くの宝物が出陳されていたのである。その日はまことに盛大な祭典で、多くの有志者たちが参集していた。そのとき定胤が法隆寺へ出した書状には、つぎのように記している。

「本日は細雨ながら中々の盛会にこれ在り、知名の紳士雲集諸種の人々に面会仕り候。陳列品は全く法隆寺的にこれ在り。全く本寺の出開帳然たる趣に候、況んや関野博士の講演は法隆寺と云ことを非常の感動を与へ申し候」

この法要から帰った定胤は、すぐさま故平子鐸嶺の追悼会の準備にとりかかっている。鐸嶺は、法隆寺研究者として法隆寺に最もゆかりの深い学者の一人であり、法隆寺の非再建論者で干支一巡説を唱えたことでも知られている。とくに法隆寺が、明治四一年（一九〇八）に百萬塔を人びとに譲与して法隆寺の再興の資金を作ろうとしたときに、百萬塔の調査を行った学者であったことはすでに紹介した。その鐸嶺がさる五月一〇日に薬石の効なく三五歳の若さで亡くなっていたのである。定胤は太子祭のため上京したときにも、その霊前に参拝して、鐸嶺の友人である黒板勝美、中川忠順らと相談して六月一八日に法隆寺で追悼会を執行することを決めていた。その追悼会には久保田奈良帝室博物館々長、中川忠順、新納忠之介などが参詣していた。そのとき中川忠順から、つぎのような要請が法隆寺に行われたのである。

①鐸嶺居士のために友人たちで供養塔を作り、法隆寺の境内に建設したいこと。

②遺稿中の『法皇帝説解説』の原稿を法隆寺に寄附するので、それを出版してほしいこと。

これらの提案に定胤は快諾をしている。中川たちはすぐさま供養塔（鐸嶺塔と呼ぶ）の建設にとりかかり、奈良県技師の天沼俊一がそれを監督することとなった。その供養塔の建設地は、定胤と中川たちが実地検分して西円堂前の柏樹の下に決定している。それは鐸嶺がかつて「古柏艸堂」と称していたこともあり、柏の大樹のある場所を選んだという（昭和三四年（一九五九）に西方院に移築している）。その供養塔の落成供養会は、奈良正倉院の曝涼中が良いということになり、一〇月一六日に決定している。

その日は快晴に恵まれ、参詣の人びとは午前九時から一一時三〇分まで法隆寺の宝物などを拝観し、一二時三〇分から供養塔の前で厳かに供養会を執り行った。その日に集まった参詣者たちはいずれも有識者ばかりで、希有の盛儀であった。この法会に続いて大講堂前で鐸嶺を追悼する記念講演会が開かれている。大講堂の基壇の中央には講演用のテーブルが置かれて、その左右に岡倉覚三（天心）、黒板勝美、大槻文彦、北畠治房といったそうそうたる顔ぶれが居並んでいた。まず黒板勝美が立って、法隆寺に関する鐸嶺の研究論文を紹介し未発表の壁画研究の一端を披露した。つづいて大槻文彦は鐸嶺が学界に残した功績を讃えつつ、哀悼の意を述べ、最後に登壇した岡倉天心は、法隆寺は世界文明の淵叢であり、今後も鐸嶺に続いて優れた研究者が続出せんことを希望し、更に法隆寺会なるものを組織して法隆寺の研究及び保護について自ら尽力せんことを披歴した。この天心の法隆寺会設立の発案が、やがて「聖徳太子一千三百年御忌奉賛会」として実現することとなる。

この天心の発案は突発的に行われたものではなく、すでにその日の午前中に、法隆寺の寺務所を訪れた天心と定胤との間でつぎのような会話（要旨）がかわされていた。

「かねてから法隆寺の伽藍の堂塔や多くの什宝は云うまでもなく、宗教儀式などの保存について何とかしなければと思っていたが、今日、鑻嶺の供養会に臨席してその感を一層強くした。西洋などの大寺院においては学会を設け、研究・保護に努めている。法隆寺においても自ら進んで法隆寺会組織の任に当り内外の人びとに謀って法隆寺の研究とその保護に尽力したいと思うが、法隆寺はどう考えるか」と、天心が発言している。それに対して定胤は「法隆寺としてもそのような会を組織しようと、かねてから希望していたが、未だその機会に恵まれておりません。今日は貴殿の意見を拝聴して誠にありがたく是非ともお願いをしたい」と要請をしている。それを聞いた天心はすぐさま「法隆寺当局の賛同を得ることが出来て誠にありがたい、本日を記念して微意を表したい」と一〇〇円を寄附している。このような会談のあとに行われた講演会の席上でも、「法隆寺会」を設立する必要性を強く訴え、多くの学者たちに賛同を求めたのであった。

この講演に引き続いて、奈良ホテルで晩餐会（会費二円）が開かれ四〇名余りの有識者たちが参加していた。その席上でも天心や黒板勝美らから法隆寺会の設立の提案が出され、出席者たちも賛成の意を表したという。この供養会こそ、法隆寺にとっても忘れることの出来ない記念日となったのである。

法隆寺会設立を目前に岡倉天心の死

明治四四年（一九一一）は百済観音の宝冠が見つかったり、平子鐸嶺の供養塔を建立したり、岡倉天心が法隆寺を護持するために「法隆寺会」の設立を提唱するなど、法隆寺にとって忘れることの出来ない年であった。

ところが、その年の一一月六日に法隆寺の宝物館となっていた綱封蔵から、「金銅釈迦誕生仏」「金銅釈迦立像」「玉虫厨子の鴟尾（金銅）」「金銅不動明王像」が盗まれる大事件が起った。その知らせを受けた北畠治房や興福寺住職の大西良慶も、駆けつけて、新聞に懸賞広告を出したり、その対応に奔走している。これは佐伯定胤が法隆寺住職に就任して、はじめて経験する不祥事であった。とくに念願の法隆寺会設立の兆しが見え始めた最も大切な時期でもあり、法隆寺にとって大きな打撃であったことはいうまでもない。このとき盗難に遭った寺宝の中には、仏生会の本尊である誕生仏と玉虫厨子の鴟尾が含まれていた。そのことから、すぐさま日本美術院第二部監督の新納忠之介が指導して、細谷三郎が誕生仏のお身代わり像を制作をしている。

その像は、明治四五年（一九一二）五月二四日に行われた上御堂落慶供養会のときに法隆寺へ寄進された。また大正五年（一九一六）には、東京美術学校教授の香取秀真が玉虫厨子の鴟尾を模造している。これは玉虫厨子の修理のときに、盗難に遭った金銅製鴟尾の制作を依頼したからである。

それまでは、玉虫厨子の屋根には木製の鴟尾や瓦製の鴟尾を上げていたこともあった。現在、玉虫厨子に付属している二つの鴟尾は、大正五年に香取が新調をしたもので、古い鴟尾は現存していない。残念ながら盗難に遭った寺宝は現在も行方不明である。

年も改まった明治四五年四月に、奈良を訪れた天心が定胤と法隆寺会の組織について相談をしている。そのときに天心は、つぎのような意見を述べている。

①是非とも二、三の素封家《そほうか》を会の中心とすべきである。まず法隆寺の信徒総代たちの同意を得て、素封家を法隆寺の信徒総代に加え、協同一致の体勢をとることが望ましい。

②奈良県庁において奈良県以外の人物を信徒総代とすることを承諾するか、どうか。

③本会設立に就いて奈良県知事が賛成するか、どうか。

天心はこの三件について、法隆寺が至急に検討することを指示し、東京における学者への調整については、自らが行うことを約束している。

その数日後に、平子鐸嶺の一周忌法要が行われた。そのときにも黒板勝美や荻野仲三郎、水木要太郎（歴史家・奈良女高師教授）らが集まって法隆寺会について検討をしている。そして寄附金の募集は二の次として、まず有志の者が集って、法隆寺における「宗教」・「美術」・「歴史」の研究を行い、それを世に紹介することを目的とした法隆寺会を組織することで意見が一致している。しかも毎年一回か二回は、聖徳太子や法隆寺に関する研究発表を行い、その研究成果を出版することを決定したのである。黒板と荻野は帰京すると、ただちに天心とも相談をしつつ実現の可能なことから漸次実行に移すこととなった。ところが、まもなく明治天皇の崩御があり、世も明治から大正へと改まった。しばらくの期間は大喪中もあって大きな動きは見られなかったが、定胤は御大葬に参列するためにひさびさに上京し、明治天皇に殉死した乃木大将の葬儀にも会葬している。

そして大正元年（一九一二）九月一九日には、上野の精養軒に黒板や荻野たちが集って法隆寺会組織の件について具体的な協議を行い、つぎのような決議をしている。
①発起人が「法隆寺会」の会則を作成すること。②東京や奈良でも組織を作ること。③法隆寺会は隔月ごとに例会を開き、年に一、二回は大会を開催して法隆寺のことを吹聴すること。
この法隆寺会のことは、すぐさま九月二七日付の『奈良新聞』に掲載され、その意義深いことを論説している。

「法隆寺会。東大寺に大仏会あり、興福寺に興福会あり、法隆寺に法隆寺会なかるべからず、大仏会は大仏の保存を意味し、興福会は興福寺の再興と保存とを意味す。法隆寺会は則ち法隆寺の研究と保存とを意味せざるべからざる也。（中略）殊に法隆寺は世界最古の木造建築の一にして、我国仏教の興隆及び興隆上至大の関係を有する聖徳太子の遺蹟にして歴然之を有するは我国の誇とする所、宗教上は勿論、歴史、美術上得る所多く、之を等閑《とうかん》（おろそか）に附すべからさる也」

ところが、そのような大切な時期に予期しない出来事が起こった。大正二年（一九一三）九月二日に、法隆寺会設立の提唱者である天心が静養していた新潟県の赤倉山荘で他界をしたのである。それは法隆寺にとっても大きな打撃であった。天心の葬儀は九月五日に東京で執り行われた。新納忠之介は、それに参列した帰宅の途上に法隆寺へ立ち寄って、天心の臨終の様子を報告をしている。その日の『法隆寺日記』には、つぎのように記している。

「先生は去月古社寺保存会に際し病中を押して出席。大いに金堂壁画保存の儀を論じ一扁の建議案を草し壁画保存会設置の必要を論ぜられ、遂に採用することとなれり。蓋しこの案文こそ同先生の絶筆なり」

このように、天心は最後まで金堂壁画の保存が急務であることを古社寺保存会で訴えたのであった。やがて天心の提唱によって、大正五年（一九一六）に文部省内に「壁画保存方法研究調査会」が設置されることとなる。

そして法隆寺会の組織作りも、天心の遺志を継いで前進をしたことはいうまでもない。

太子批判からの脱却

江戸時代から一部の国学者や儒学者たちによって、太子は痛烈に批判を受けている。それは太子が外来の仏教を広めて、わが国古来の神道を軽視したこと、蘇我馬子による崇峻天皇暗殺を傍観していた、などとして非難中傷の矢面に立たされたのである。これは、儒学者たちの極端な排仏思想のもとに太子非難を助長することとなった。

近世の儒学の基礎を築いた林羅山《はやしらざん》（江戸前期の儒学者）は、つぎのように批判をしている。

「（馬子）崇峻を弑《しい》す。太子何ぞ馬を党《とう》して賊《ぞく》（馬子）を討たざるや。太子は宗室《そうしつ》（皇室）なり。已《すで》に守屋の悪を揚げて稲城《いなぎ》の役（物部守屋との戦い）を発す。守屋未《いま》だ嘗《かつ》て君（天皇）を弑せざるなり。其の悪、其の罪何《いず》くにかある」

また大坂の儒学者中井履軒《なかいりけん》も太子を痛烈に非難した。

「弑逆王子の建てられし寺などは、是を拝みなば、わが身に汚れのつくべきことにこそ」

これは太子が建立した四天王寺に対する非難である。このように太子は誹謗中傷の対象となり、国学や儒学を学んでいた武士や知識人たちが太子を「不忠不孝の代表」のように批判を浴びせた。

法隆寺でも若い寺僧たちの中には、国学者として名高い平田篤胤《ひらたあつたね》（江戸後期の国学者）の影響を受けて法隆寺から立ち去る姿もあった。

明治維新前後の状況を口述筆記した『参考の演説』（法隆寺住職千早定朝口述）に、つぎのように記している。

「抑《そもそ》も我法隆寺に於て今より三十六・七年前、安政、万延年中の頃、破仏家平田篤胤風の国学大に流行す。我本寺若輩の僧等も之《こ》れを学ぶ。彼の破仏之説を深く信じ仏法は浅間敷者《あさましきもの》と思ひ誤り、甚敷に至ては我等坊主になりしは自分の本心より出しに非《あら》す、父母師匠に誘はれ父母の進めにより坊主に成りしなり。今想へは国家の罪人、今父母の誤りを速《すみやか》に帰俗して之を謝罪せんと、遂に退寺離散す。又朝野《ちょうや》にも廃寺廃仏の論に立てり」

明治維新によって旧弊は一新され、世情も大きく変わった。法隆寺が頽廃から立ち直りを見せたのは明治一〇年ごろからである。それは法隆寺に伝来をしていた寺宝に対する価値観が高まり、優れた宝物が現存していることを広く世に知られたことが大きな要因となった。そのことも幸いして太子への非難も少しずつ沈静化をすることとなる。

明治三〇年（一八九七）四月一一日（太子の命日である二月二二日を新暦に改めた）に島田蕃根《しまだばんこん》（明治の仏教学者）、河瀬秀治（明治大正期の官僚・実業家・太子崇敬者）らによって太子を高揚する『上宮教会』が設立され、太子奉賛の気運を高まった。

やがて法隆寺でも、大正一〇年（一九二一）の太子の一千三百年御忌をめざしてその遺徳を高揚することが活発になる。それには多くの知識人や経済人の協力が必要であった。ついに大正七年（一九一八）に待望の『聖徳太子一千三百年御忌奉讃会』の設立が実現をした。なお、その組織を立ち上げるときにも太子批判に関する一つの逸話が伝わっている。

それは、経済界の大御所である渋沢栄一（明治大正期の大実業家）に協力を依頼したときのことである。黒板勝美（東京帝国大学教授・国史学者）と正木直彦（明治〜昭和期の美術行政官・教育家）が、大正五年（一九一六）一一月に渋沢邸を訪れたときの秘話である。渋沢は「予は水戸学派の徒なり、聖徳太子は嫌いなり」と、協力することを拒否をしている。渋沢は若いころに国学を学んでいたからであった。それに対して黒板勝美は国史の立場から太子の偉業を説き、国学の見解は誤りであることを切々と訴えた。しばらく黒板の話を聞いていた渋沢は、つぎのように語っている。

「始めて太子の真面目を自覚し大いに発明をしました、永々の誤解を訂正いたします。応分のお力を尽くしましょう」（要旨）

やがて、この渋沢の協力表明によって奉賛会の組織作りが大きく前進し、大正一〇年に行われる聖徳太子一千三百年御忌への準備態勢も整った。そして待望の『聖徳太子一千三百年御忌奉賛会』が設立されたのである。これによって、久邇宮邦彦王（香淳皇后の父君）を総裁に推戴し、会長に徳川頼倫、副会長に渋沢栄一が就任して、太子の偉業を奉讃することとなった。

幸いこれが太子への非難を一掃打破することとなり、晴れて太子の威信が回復をしたのである。

太子一千三百年御忌の盛儀（再興された聖霊会）

太子の遺徳を追慕して供養する法会を「聖霊会《しょうりょうえ》」と呼ぶ。法隆寺では古くから最も大切な法儀の一つであったが、明治四年（一八七一）に執行された聖徳太子一千二百五十年忌を終えたころからは多くの伝統行事とともに衰退の道を辿っていた。幸い有識者たちの協力によって「聖徳太子一千三百年御忌奉賛会」（以下「御忌奉賛会」という）が組織されたのである。それは聖霊会と法隆寺の再興を意味するものであった。『聖徳太子一千三百年御忌奉賛会小史』（以下『奉賛会小史』という）には、奉賛会設立の趣旨について、つぎのように記している。

「我が国の文化、日に進み、月に盛んなるものを、その淵源遠くこれを聖徳太子に求めざるべからず、ここに於てか、太子薨後、正に一千三百年に当れる大正十年の春を以て、法隆寺及び叡福寺に於ける太子追恩の大法用を奉讃し、且つ太子を永遠に記念し奉るべき事業を計画し、その洪恩の萬一に報じ霊徳を後代に宣揚すると共に漸く悪化せんとする我国民思想を極力善導せんとすることを實に本会趣旨の眼目たり」

そして、大正一〇年四月一一日から一七日までの一週間に亘って聖霊会が盛大に厳修された。なお、これに先立って、すでに久邇宮邦彦王を「御忌奉賛会」の総裁に推戴することが内定していた。その奉戴式は、四月一一日の午前九時から奈良県公会堂で厳粛に執り行われている。

「大正十年春奉行の記念大法用に先だち、久邇宮邦彦王殿下を本会総裁に奉戴し、四月十一日奈良県公会堂に於てその奉戴式を挙げ優渥なる令旨を賜ふ」（『奉賛会小史』）

この奉戴式のあと、総裁は法隆寺で厳修する聖徳太子一千三百年御忌法要に参列をされている。御忌の期間中には、円照寺の文秀女王（伏見宮邦家親王の第七王女・皇族最後の宮門跡）をはじめイギリス・フランス両国大使の参拝もあり、奈良駅や法隆寺駅は記録的な雑踏となった。なお、この御忌には、皇室から「銀製大香呂」や「金襴打敷」が下賜されている。このように聖徳太子一千三百年御忌法要は、法隆寺史上画期的な大法儀となったのである。とくに正木直彦の尽力によって東京美術学校教授たちが、御忌に使用する多くの法具類を制作している。香取秀真が法隆寺から皇室へ献納した『金銅灌頂幡』や『柄香炉』を復元、六角紫水が『香合』、石田英一が『柄香呂』、牧弘光が『華篭』などを制作した。また高村光雲、山崎朝雲、平櫛田中、建畠大夢、関野聖雲、山本瑞雲をはじめとする彫刻の教授からも、八部衆の輿舁面《こしかきめん》などが奉納された。とくに出仕僧の法衣などは、東大寺と同じものを新調している。それは東大寺から法衣などを借用するときに共通する利点があったからである。その後も御忌法要が盛大になるにつれて、儀式の中に新しく加わった部分も少なくない。たとえば輿舁面が二種類も作られたことによって、「舎利輿」（太子の南無仏舎利を安置）だけではなく「聖皇御輿」（太子童子像を安置）にも輿舁面を使用したことである。しかし、古くから「聖皇御輿」を八部衆が担った記録は見られない。

そのため私は太子一千三百七十年（平成三年）の御忌から、舎利輿だけに八部衆の面を使用することに復すこととした。また昭和一六年（一九四一）に行われた一千三百二十年の御忌には舞楽の「蘇莫者《そまくしゃ》」の舞楽面や装束が寄進され、法隆寺で、はじめて演じられている。この曲は太子が四三歳のときに、斑鳩宮から四天王寺へ向かう途中の椎坂《しいさか》で、笛（尺八）を吹いたところ山神が現れて、その妙音に合わせて舞ったという故事に由来する。この曲は、旧天王寺派楽家であった宮内省式部職楽部の薗家に嫡々相伝していた秘曲であったが、南都の楽頭堀川佐一郎への伝授が許されたことにより法隆寺の聖霊会で舞われることとなったのである。

この聖霊会の再興とともに「聖徳太子一千三百年御忌奉賛会」の功績の中で、太子への誤った見解を払拭したことが最たるものであった。

「顧《かえりみ》れば本会が法隆寺会と称したる最初より、ここに年を閲《えっ》すること實《じつ》に十有二年、専《もっぱ》ら力《ちから》を徳川時代の誤《あやま》れる太子観の打破《だは》に尽《つ》くして世人の蒙《もう》を啓《ひら》き、同時《どうじ》に太子の偉徳鴻業《いとくこうぎょう》を知悉《ちしつ》せしめて、其信仰の熱誠《ねっせい》を喚起《かんき》せしめ得《え》たるは、幾多《いくた》本会の功績中、財団設立の大業《だいぎょう》と共に、最《もっと》も大《だい》なるものの一《ひと》つと云うべし」（『奉賛会小史』）

しかし、そのようなときにも某紙の投書欄に、「聖徳太子のために大法要をやると云うのはけしからぬ。あんな大義名分をみだした人の為になるをやるのか」という非難が掲載されたこともあった。未だ太子に対する非難がくすぶっていたのである。これは太子も普遍的に人びとから尊崇を受け続けた人物ではなかったことを示すものであり、時代によって、その評価が変化をするのが歴史というものであることを痛感させせられる。このような世情の動向に配慮した黒板勝美は「御忌奉賛会」の趣意書の中に、敢えて「太子は神祇を尊び、儒学を奨め云々」の文言を入れたのかも知れない。

なお、それまでは「上宮太子」と呼ばれることが多かったが、この一千三百年御忌を契機として聖徳太子に統一されるようになったらしい。そしてついに、昭和五年（一九三〇）には太子の姿が百円紙幣へ登場することとなる。

しかも、その紙幣には太子とともに法隆寺の西院伽藍全景と夢殿の全容が採用され、太子と法隆寺のオンパレードとなった。法隆寺がはじめて経験する檜舞台への登場でる。

これは、太子の威信が完全に回復したことを意味している。そして太子が日本文化の礎を築いた偉大な人物として日本人から最も親しまれるようになり、その基盤が固まったのである。

第七章

戦争と昭和大修理、そして昭和資財帳の編纂へ

七種宝物　六ツ目ノ鏑（『御宝物圖繪』）

昭和大修理の特徴

明治二九年（一八九六）に制定された古社寺保存法によって、国庫補助による堂塔の修理工事がはじまった。法隆寺では明治三四年（一九〇一）に中門、同四四年（一九一一）に上御堂、大正三年（一九一四）に南大門、大正九年（一九二〇）に西院廻廊と経蔵、鐘楼の解体修理を行っている。そして防災設備工事が昭和三年（一九二八）に完成したのに引き続いて、伽藍の根本的な大修理に着手することとなった。昭和八年（一九三三）から西室と三経院の解体修理に着工していたが、法隆寺には指定を受けた建物で未修理のものが二〇件もあり、その後に指定を受けたものを合わせると三七件にのぼっていた。ところが、これらを今までの方法で修理をしていたのでは一〇〇年以上を超す計算になる。そのことから特別処置によって、早急にその改修を望む声が高まっていた。聖徳太子奉讃会では、法隆寺の大修理を国家事業として速やかに進行するように政界に強く働きかけ、ついに、昭和八年（一九三三）五月一二日に貴衆両院議員の法隆寺視察が実現している。

貴族院一一名と衆議院二二名の併せて三三名をはじめ、大蔵省や文部省などの関係者や奉讃会から会長の細川護立など各理事も立ち会っていた。同日午前一〇時に南大門に到着、直ちに聖霊院に参拝。それから二班に分かれて伽藍を拝観。午後一時から大講堂前で、昭和二年（一九二七）に完成していた防火水道の放水試験を見学している。説明役に当たったのが黒板勝美、関野貞、荻野仲三郎、岸熊吉、新納忠之介たちであった。そのときに議員に対して、つぎのように説明をしている。

「皆さん法隆寺は一つの博物館です。この建物は今から千三百年前飛鳥時代のもので世界最古の木造建築物、この仏像が天平期の作」

それに対して議員たちも「先生、先生」と矢継ぎ早の質問を行い、黒板たちはその応対に追われていたという。この議員たちの来訪によって、法隆寺の大修理はほぼ決定した観があった。やがて文部省で詳細な調査を行い、直ちに大修理に着手する必要あり、との結論に達している。なお、その年の一〇月一九日には文部大臣の鳩山一郎が法隆寺の視察に訪れており、そのときのエピソードが残っている。文相を案内した佐伯定胤は、法隆寺の背後の山を指して、つぎのように説明をしたという。

「あの山は斑鳩山で太子が最も愛でられた所であります。鳩山閣下を今日法隆寺へお迎えして法隆寺と鳩は縁故が多いと思います」

それを聞いた文相は、「佐伯さんは、うまいことをいう」と随行者たちに語ったという。やがて昭和九年（一九三四）から一〇年計画、総工費一〇〇万円という見込みの計画が立てられた。そしてまず荒廃が著しく、かつ学界で問題が最も少ない東大門、食堂、細殿の修理に着手することとなる。その修理事業は文部省が直轄する国宝保存修理として実施することとなり、法隆寺国宝保存協議会、法隆寺国宝保存事業部、法隆寺伽藍修理出張所の機関を設置して万全を期することとなった。法隆寺国宝保存協議会は粟屋文部次官を会長として建築や美術、歴史などの権威者一五名を委員に任命している。その協議会は、修理の根本方針や工事進捗に関する問題の決定機関であった。委員の中には、建築の伊東忠太、関野貞、美術の瀧精一、藤懸静也、歴史の黒板勝美、濱田耕作や、奈良県児玉知事も加わっている。

法隆寺国宝保存事業部は総務部的なもので、粟屋次官を部長、下村宗教局長と河原会計課長を理事、有光保存課長と朝比奈事務官を幹事として工事に関する司令部のような機関となった。そして法隆寺伽藍修理出張所の所長には建築界の第一人者の武田五一が就任、文部技手の服部勝吉を総務技師、同技師の大滝正雄を施行技師、今井文英を主事に任命、このほかにも吉田種二郎など五名の技手、そして五名の助手を置いて工事に着手することとなった。この態勢は万全を期しているかのように見えたが、しかし現場ではなかなか苦労が多かったという。そのころから工事に携わっていた浅野清は『古寺解体』の中で、つぎのように追懐をしている。

「しかしこうした思い切った人事は、工事がはじまるとすぐに、寺大工の口をとおして、寺側を不安におとしいれた。寺大工は仕事のことを何も知らない学校出の青二才どもに大事な仕事をゆだねられては、まともなことはできないと嘆き、これを聞いた寺側もこの人選を白眼視することとなって、工事事務所ははじめから、寺の不信をかうことになった」

やがて昭和九年五月二七日に大講堂内で大修理祈願の起工式が行われ、奉賛会の細川護立会長をはじめとする一〇〇名余の関係者が参列した。いよいよ食堂、細殿、東大門、東院礼堂の修理に着手をしたところ、相次いで大きな発見があった。東大門の部材に記されていた上代と近世の二種類の番付の発見によって、この門は二度の解体をしていたことが判明した。とくに、その古い墨書によって創建したころの門は現在の方位とは九〇度異なっていたことが明らかとなり、移建したものであることが確認された。はじめは今のように東西に通る門ではなく、南面する門であるとする見解が強い。いずれにしても、東大寺の転害門とともに天平時代の貴重な門であることが明らかとなったのである。そして食堂と細殿は、天平時代の双堂《ならびどう》の形式を伝える貴重な建物遺構であることも判明した。また東院礼堂の地下からは、前身の中門（中門を礼堂に改造したもの）の基壇石などとともに掘立柱を発掘している。ここには、簡素な掘立柱の檜皮葺の建物があったことを確認したのである。とくに、立派な掘立柱を発掘したことによって斑鳩宮の柱根ではないか、として関係者や報道陣も大いに活気づいた。

そのころ紙面では「千古の謎解く円柱・斑鳩宮址と推定」・「斑鳩宮址の推定・いよいよ有力となる」などと報じている。しかし、現場の主任である服部勝吉や所長の武田五一、荻野仲三郎、足立康、黒板勝美などの保存協議会の委員たちが検討した結果、それらは中門の遺構であるとの結論に達している。太子が居ました斑鳩宮址ではないか、と心ひそかに期待を抱いていた人びとからは落胆の声も聞かれた。しかし、その夢はまもなく実現をすることとなる。

斑鳩宮址と若草伽藍跡の発見

法隆寺再建非再建論争は、明治三八年（一九〇五）から非再建説の関野貞と再建説の喜田貞吉によって、活発な論戦の火ぶたが切られた。とくに昭和一四年（一九三九）三月に行われた日本地理学会の席上で関野の愛弟子である足立康が「法隆寺には用明寺と太子寺の二つがあった」とする新非再建説を発表した。それに対して喜田は持論の再建を主張し、白熱した論戦を展開したこともあった。ちょうどその秋に、早くから期待をされていた斑鳩宮の遺構が、その姿を見せはじめたのである。

皇極二年（六四三）一一月に蘇我入鹿によって焼かれた斑鳩宮址は、伝承通り東院の伝法堂や舎利殿絵殿の地下に眠っていた。そこには掘立柱の建物跡を示す柱穴があり、その方位が西へ約二〇度振れていることも確認されたのである。しかも焼土や仏殿に使われていたと見られる瓦などともに井戸も発見され、それが斑鳩宮の一部であることが決定的となった。とりわけ宮殿の跡から瓦が出土したことは、宮殿内に瓦を葺いた仏殿が建っていたことを示す大発見でもあった。なお、この発掘において初めて、礎石をもたない掘立柱の遺構が確認され、古代宮殿遺跡の研究に大きな貢献をしたのである。その事情は発掘を担当した浅野清の『古寺解体』（学生社）に、つぎのように記している。

「斑鳩宮跡の発見・伝法堂は『東院資財帳』にも記すとおり、はじめから瓦葺の堂であったので、その下から東院創立時の掘立柱が出るはずはなかった。（中略）伝法堂の地下は東院創建以来掘返されたことのない土地であるから、遺跡の重複もないはずで、しらべるには最適の場所である。そう考えたので、礎石据えつけのため、その敷地内に一メートル角ほどの穴を三十四個も掘る機会に、偶然その遺跡に遭遇しないか、注意していた。そしてたった一か所、昔の掘立柱の掘穴と一部重なっているのを発見したのである。これが斑鳩宮遺跡発掘の瑞緒であった（昭和一四年一一月一五日）」

この斑鳩宮址の発見につづいて、法隆寺の再建非再建論争の鍵を握る若草伽藍跡の心礎が、昭和一四年一〇月に野村徳七邸から法隆寺へ返還されることとなった。それにともなう若草伽藍跡の発掘が、その年の一二月に石田茂作と末永雅雄によって行われ、金堂や塔のものらしい掘り込み基壇の遺構が発見された。そしてそこに四天王寺式の伽藍が存在したことを確認したのである。しかも伽藍の南北の中心軸が斑鳩宮の遺構と同じように西へ約二〇度ふれていることや、出土した瓦が現法隆寺のものよりは古く、飛鳥寺の創建瓦に近いことなども判明し、この発掘によって再建論が決定的となった。しかし若草伽藍や現法隆寺の焼失年代や再建年代については結論が出ず、未だ多くの課題は遺されている。

急がれた金堂と五重塔の解体

世界最古の木造建造物である金堂と五重塔の解体修理については、慎重に慎重を期すことが一大方針であった。古建築の解体技術が最も熟達したころ、とくに技師や工匠たちの経験が積まれ、その技量が最も向上した時期に修理を実施しようとしていたのである。

その計画のもとに解体修理が順調に進められていた。あとは聖霊院と五重塔、金堂の解体に着手をする時期を迎えるばかりであった。ところが昭和一六年（一九四一）一二月八日に太平洋戦争がはじまると法隆寺の修理も次第に停滞することとなる。とくに、最大の難題である金堂壁画の保存方法の計画がまったく決まらない状態であった。そこでまず五重塔の解体に着手をすることとなり、修理期間は五〇ヶ月を要し、総工費は一六万九、〇〇〇円が計上された。

そして塔の優美な姿は、しばらく地上から消えることとなる。昭和一七年（一九四二）九月二五日には塔の魂を抜くための撥遣の法要を行い、泣き仏として知られる塑像群も大宝蔵殿などへ移していた。

いよいよ一〇月からは、解体をするための足場と屋根を覆う須屋根の工事に着手。翌年の一月からは塔の解体作業がはじまり、まず頂上部にある相輪が取り外され、各層の屋根の瓦も降ろされた。このときに取り外した九輪は、大講堂で一般に公開をしている。

しばらくして法隆寺工事事務所長の古宇田実に代わって、新たに岸熊吉が所長に着任した。そして塔の解体作業も着々と進むかに見られたが、泥沼化する戦局の悪化によって、資財や労力が急激に不足をした。とくに、作業に携わる人びとの多くが戦地へ召集されたことが大いに影響した。そのために屋根の土運びには桜井高等女学校の生徒の勤労奉仕があり、杉皮運びには斑鳩の小学生たちも奉仕をしている。そしてやっと昭和一九年(一九四四)末までに、塔の姿は初重を残すのみの状態となった。しかし、都市部の空襲が激しくなり、昭和二〇年(一九四五)のはじめには空爆の目標にならないように須屋根を解体して、初重の仮屋根に掩躰《えんたい》を施すこととなった。なお、解体した塔の部材のほとんどは倉庫に格納したが、肘木や雲斗のような特殊な部材は仏像とともに柳生などの旧家の土蔵へ疎開をしている。なお昭和一八年(一九四三)九月からは聖霊院の解体修理にも着手、その本尊聖徳太子像などは三経院へ遷され、これによって解体を残すのは金堂のみとなったが、いぜんとして壁画保存方法の決着は遅々として決まらず、関係者たちは苦悩する日々を悶々として過ごしていた。

しかし戦局は悪化するばかりであり、激しい空襲は奈良へも押し寄せようとする緊迫した状況下にあった。一刻も早く壁画保存方法を決定して、解体に着手をしなければならなかった。ところが、かつて試験的に金堂壁面の一部を樹脂で処理した方法が結果的に芳しくなかったことから、壁画の保存について法隆寺の不信感が強いことが、難航する大きな要因となっていた。それが文部省側が壁画の処置を強く法隆寺へ提示することを躊躇させ、金堂解体の大きな妨げになっていたのである。

そのような時期に岸熊吉が所長を辞職され、浅野清が所長取扱に着任して、その難局に対処することとなる。浅野清は住職の佐伯定胤に対して、至急に金堂解体の必要を説明し、その方法論を相談している。浅野は取り急いで金堂の上層部を解体することを説明し、下層部の壁画に附着する柱は壁画と共に残し、土嚢をもって壁画面を保護する処置方法を講じることで、法隆寺側の同意を取り付けることとなる。

浅野が示した試案に対して、「壁画にも何の影響を来たさず」との見解のもとに法隆寺側もやっと合意をしたのである。

風雲急をつげる戦局の真っ只中の五月一日に、金堂の解体がはじまった。それにともなって釈迦三尊像をはじめとする金堂の仏像は、大講堂などへ遷している。そのときの事情については『古寺解体』（浅野清著）に、生々しい経験談が記されている。

「解体材料の疎開

こうして解体した（金堂の）材料は西方の丘の間に土の掩躰を作って運びこんだのであるが、一部は仏像宝物などと一緒に、柳生、東山、大宇陀などの山中の豪家に頼んでその蔵に疎開することととなった」

金堂の上層部を解体した部材のほとんどは、法隆寺裏山の開墾畑に設けた倉庫へ疎開をさせたのであった。そのころ本土への空襲はますます激しさを加え、法隆寺の防空対策も危機迫るものがあり、多くの建物にも防空偽装を施している。昼夜となく空襲警戒警報が発令されるたびに、浅野をはじめとする工事関係者たちは消火活動に対処すべくそれぞれの住居から法隆寺へと駆けつけている。やがて金堂の上層部の解体が終わろうとしたころには、その頭上を爆撃機がかすめるように飛び交い、身の危険を強く感じたという。そのときに金堂内陣の上層部に画かれている天人の小壁十二面も抜き取って担架で運び降ろすこととなり、その作業も吉野工業学校の学徒の動員によって行われた。この小壁画は、金堂を再建するときにはふたたび旧位置へ収める計画であったと聞く。しかし残念ながら切り取った壁画を元に戻すことはなかった。それは技術的にもきわめて難しいものらしく、今なお、取り外された状態で収蔵庫に保管している姿は痛ましい。このように戦時下にあっても、可能な限り塔と金堂の解体を行ったのである。そして須彌山だけを残していた塔の掩躰作業も進み、金堂は初層の掩躰作業を行っていた八月一五日に終戦を迎えることとなる。

なお、塔や金堂の解体によって多くの新発見もあった。塔の中心柱には落雷の痕跡があり、塔と金堂から取り外した天井板には建立に携わった画工たちが画いた絵や文字などの落書きを発見している。とくに塔の小壁の表面を剥がすと、そこから山の隈取りと樹の幹を描いた痕跡も発見され、塔にも壁画が描かれていたことが判明したのである。これらはいずれも現法隆寺の建立年代を示す貴重な資料であった。

金属供出・失われた遺産

戦争が激化するにつれて、ついに本土決戦をめざし「欲しがりません勝つまでは」の標語が流行したころ、物資にもこと欠く厳しい世情となっていた。そのような背景のもとに考えられたのが、社寺をはじめ各家庭からの金属供出政策である。法隆寺には、鎌倉時代のころから、西円堂の薬師如来の霊験に対する人びとの篤い信仰が栄え、その願いごとの成就を願って武器や銅鏡などを奉納する習わしがあった。

かつてその堂内には所狭しと刀剣、銅鏡、甲冑などが懸けられていたのである。その西円堂の解体修理が昭和一〇年（一九三五）九月から着手するのに先立て、考古学者として名高い末永雅雄が刀剣、甲冑、槍、鉄砲、弓の武器をはじめ銅鏡などの奉納品の調査を行っていた。

法隆寺では、末永に「法隆寺美術工芸品調査委員」を委嘱していた。ところが、この国家の非常事態によって、奈良県や軍部などの要請によって金属製の仏具や刀剣などの供出を強要される時代を迎えたのである。

記録に残る最も早い供出は、昭和一七年（一九四二）三月のことでる。そのとき六〇余貫という西円堂の青銅製の大香炉（明治三〇年（一八九七）鋳造）や刀剣五〇〇本あまり、大砲の砲弾（日露戦争の戦利品）などを運び出した。

大阪朝日新聞は、「青銅の大香炉が応召」と報じている。その年の一一月にも諸堂の仏具をはじめ、半鐘三、西円堂水鉢用の青銅の龍、釣燈篭三〇、銅鏡一、六一五枚、刀剣一六〇本など約二トンの金属も供出することとなった。法隆寺では、それらを集めて献納法要を厳修してから奈良県へ引き渡している。奈良県では、この供出の模様を宣伝用映画として撮影したこともあった。それ以降も警察や大阪師団、佐世保海軍軍需部の軍部からたびたび刀剣の払い下げの依頼があり、末永の鑑定によって、その要請に応じている。昭和一九年（一九四四）一二月には、奈良県警察部長からの要望で刀五〇口（長さ一尺五寸以上）と短刀若干を供出。昭和二〇年（一九四五）四月一三日にも佐世保海軍軍需部の要望に答えて、短刀（二〇〇口・士官用）・脇差（二〇〇口・下士官用）・短刀（七〇〇口・槍身用）を供出した。このとき軍部からの礼状には「太子鎮護国家の御理想具現仕るべき事」と記している。それは太子の理想を実現するための聖戦であるとする、軍政下の都合の良い理由づけそのものに他ならない。

この文言は、戦後すぐさま太子を平和主義者のシンボルとして崇めたものとはまったく正反対であったといわねばならない。これは、太子観というものが世情の移り変わりによって変貌をすることを示す資料でもあり、太子の真の姿は隠されていたという悲しむべき時代でもあった。いずれにしても聖戦という名のもとに太子も寺院も、そして多くの人びとも戦争に協力させられたり、したというのが実態である。

なお、そのころ多くの寺院からは梵鐘の供出が多く見られた。ところが法隆寺からは梵鐘の供出は行われていない。梵鐘の回収条件は主として慶長年間（一五九六〜一六一五）以後のものとされたが、新しくても特別に由緒があるものや、形式が特殊なものは供出を免除されたと聞く。法隆寺には西院鐘楼、東院鐘楼、西円堂内、宗源寺鐘楼、西円堂鐘楼の五ヶ所に梵鐘があり、前者の二つはいずれも奈良時代のもので、そのころは国宝（現在は重文）に指定されていた。西円堂内の梵鐘は慶長六年（一六〇一）に豊臣秀頼の二世安楽を祈って奉納したもので、供出判定の基準によって除外された。それに対して宗源寺と西円堂の二つの梵鐘は回収条件によると必ず供出される運命にあった。

ところが宗源寺の梵鐘は、元禄一四年（一七〇一）に、東院の不明門前で西円堂奉納の古鏡を鋳造したとする由緒があり、西円堂の梵鐘も明治二〇年（一八八七）に西円堂奉納の古鏡で鋳造していることと、時の鐘として人びとから親しまれていることを理由として供出から除外をされている。

このように法隆寺では供出をしたものと、免れたものとがあった。供出したもののほとんどは江戸時代に作られたものであったが、信仰の遺産であることをまったく無視をしたものである。この不幸な戦争による供出の犠牲によって、多くの法具類や、奉納した人びとの信仰の証が失われ、法隆寺の信仰史上にとってきわめて遺憾な出来事であった。ところが不幸中の幸いというべきか、昭和一〇年（一九三五）に高田十郎が編纂した『法隆寺金石文集』（『法隆寺の銘文』所収。鵤故郷舎発行）によって、失った遺産の欠を補うことが出来る。そこには供出によって現存しない銘文をもつ金属性の仏具の多くが収録されており、失われた信仰の貴重な遺産資料となっていることはせめてもの救いであった。

しかし、銘文をもたないものがいかに多かったかを思うとき、その供出は千秋の恨事というほかはない。とくに釣燈籠なども多く供出をしている。

その中には奉納者願文の銘文を彫っている扉だけが遺されているものもあり、その姿を見るのも痛ましい。この金属供出とは別に昭和一九年八月三〇日には、大阪海軍経理部からの要請によって座蒲団一〇〇枚と敷蒲団一〇枚を供出している。これも無謀な戦争の悲惨さを伝える資料の一つである。

このような供出と共に「寇敵撃滅祈願法要」を聖霊院で厳修したり、警防団を組織して敵襲に備える日々であったが、やがて法隆寺周辺の村落も機銃射撃が行われ、法隆寺にも刻々とその危機が迫っていた。そのころ松並木の中に軍用品が置かれており、それを目がけたものとの風評もあった。このように法隆寺にも、戦争の暗い影が押し寄せていたのである。『法隆寺日記』(昭和二〇年七月二一日)には、その切迫した様子を記している。

「十時敵機本村上空来襲低空飛行に恐しき響音轟き渡れり。機銃射撃に似たり。敵機興留より松馬場を旋回し機銃射撃を行へり。興留にて二人怪我せりと云ふ。松馬場松樹の間々処々陸軍用品何か置きあり。それを目がけたるに非る也と云ふ」

宝物疎開はじまる

奈良の社寺でも昭和一九年(一九四四)から疎開がはじまり、東大寺や興福寺の仏像を円成寺、円照寺、大蔵寺などへ運び出している。

そのころ法隆寺でも防空対策に追われる日々であったが、肝心の作業員の多くが出征しており、労力の確保に苦労をしていた。修理事務所の浅野清は宝物の疎開先を求めて吉野、大宇陀、柳生、東山などを訪ね歩いている。

そのような時局に住職の佐伯定胤は、いざという時には金堂の薬師如来像を五重塔の心礎の空洞へ、釈迦三尊像は金堂の基壇内へ、救世観音像は夢殿の基壇の下へ、それぞれ埋納するという悲壮な決意をしていた。

『法隆寺日記』（昭和二〇年（一九四五）五月二六日）には、つぎのように記している。

「金堂本尊薬師如来は塔底空洞内。釈迦仏は金堂土壇下に埋納する事。

夢殿本尊は夢殿壇下に埋納する事」

やがて疎開先やその方法論などを検討してから疎開費約三万円を計上、その年の六月二三日から国宝疎開がはじまった。

疎開の中心的役割を果たした浅野清が、『古寺解体』（学生社）に緊迫した状況と経験を記している。

「（解体した五重塔などの古材の）一部は仏像宝物などと一緒に、柳生、東山、大宇陀などの山中の豪家に頼んでその蔵に疎開することとなった。疎開先を見つけるためには、栄養失調で重くなった足をひきずりながら、寺の吉田執事と、山中の村々をめぐりあるいた。そうして、百済観音をはじめ、第一流の仏像もぞくぞく荷造りして、トラックや貨車に託して送り出した。村も駅も熱意をもってくれた。金堂の本尊と夢殿の秘仏はいざとなったら池にしずめるという佐伯定胤貫主の決意をきかされて、悲壮な覚悟であった。こうして疎開も一段落し、壁画のある金堂初層の一部と、須弥山を残した五重塔をおおう掩体の骨格建設をすすめるうちに、昭和二十年八月十五日の終戦を迎えたのである」

法隆寺には宝物疎開の記録はほとんど残っていないが、『法隆寺日記』（昭和二〇年六月二五日）に、笠置へ疎開したときの貴重な記録がある。

「午前八時国宝疎開搬出者一行早朝笠置駅より帰寺事。昨日運搬車の手違ひ且つ蔵の床板破損等の為め予定の通り運ばず。其上大雨大困難を強行せり、雨の為「如意輪観音像」小破。同光背大破、光背は徳川時代のものなり」

その翌日には大講堂の四天王像を笠置へ疎開。また柳生へは百済観音像、橘夫人厨子、五重塔肘木、雲斗、金堂阿弥陀如来像台座。東山へは夢違観音像、九面観音像、玉虫厨子、行信僧都像。大宇陀へは金堂の金銅阿弥陀三尊像や天蓋付属の木造天人像。長久寺へは夢殿の聖徳太子像、食堂の梵天帝釈像。松尾寺へは西円堂の十二神将像。矢田へは夢殿の道詮律師像や五重塔の塑像を疎開していた。

なお、大蔵寺へは中宮寺の如意輪観音像、天寿国曼荼羅、誕生仏や東大寺、興福寺、手向山神社、法華寺、信貴山などの寺宝も疎開していたという。

しかし戦局はますます厳しく、ソ連の参戦、原子爆弾の投下によって、やがてポツダム宣言を受諾、ついに昭和二〇年八月一五日に敗戦の日を迎えた。それにともなって疎開作業を即刻中止して、裏山へ疎開していた塔の解体部材などはすぐさま境内へ持ち帰ったが、宝物類はしばらく終戦後の世情の動向を見極めるために疎開先へ預けていた。

ところが八月二九日夜に百済観音像を疎開していた家から出火する惨事もあり、宝物を笠置へすぐさま再疎開をさせるという混乱もあった。

やがてすべての宝物の帰着を待って、昭和二〇年一二月二八日に大講堂で「疎開諸仏帰座開眼供養法要」を厳修している。それは法隆寺がほっと安堵をした瞬間でもあった。

『法隆寺日記』(昭和二〇年一二月二八日)には、つぎのように記している。

「午前十時より講堂に於て疎開諸仏像帰座開眼供養法用を修す。それより大宝蔵殿諸尊供養のこと。次に食堂、三経院、西円堂終って夢殿参拝供養のこと」

そして昭和二一年(一九四六)一月から聖霊院の工事も再開、やがて召集されていた技能者たちの復員もあり、修理も徐々に進行、画家たちの復員によって翌二二年からは金堂壁画の模写も再開している。

なお、金堂は解体中のために、大講堂の仏壇の東側に新しく壇を設けて釈迦三尊像を中心に毘沙門天像や吉祥天像を安置した。

『法隆寺日記』には「金堂ご本尊釈迦三尊大講堂仏壇の東側に別に壇を設え移座のこと」とある。

そして薬師如来像や四天王像は大宝蔵殿の南倉に納められ、天蓋もその頭上に懸けられた。

そのころ南倉にはガラスケースがなかったので、四天王像の邪鬼が拝観者の手に触れる距離にあり、人びとの手の脂で黒光りしていたことを思い出す。

このように、昭和二九年（一九五四）一一月三日に金堂の修理が完成するまで、諸尊たちはしばらく大講堂や大宝蔵殿などに分散をしていたのである。やがて金堂修理の完成をしたことによって、金堂の釈迦三尊像などの諸尊は昭和二九年一〇月に金堂に安置された。

金堂壁画焼損

井上靖が毎日新聞の記者として、取材のためによく法隆寺へ足を運んでいた。そのとき井上は、模写をしていた画家の荒井寛方から、「形あるものは亡びますよ」といった言葉を聞いたことがあった。その言葉は、私も師匠の佐伯良謙から荒井が語ったということを聞いた記憶がある。私には荒井が語ろうとした言葉の意とするところはどこにあるのかわからない。荒井は、かつて、インドのアジャンター石窟寺院に遺る壁画を模写されたこともあった。その豊かな経験の上に立って、そのような考えが荒井の心に生れたのか、あるいは私たちにはわからないもっと深い意味が込められた言葉であったのか、今となっては、その真相を知るすべはない。不幸にも、荒井の言葉は数年後に現実のものとなった。

昭和二四年（一九四九）一月二六日未明に、金堂出火という悲劇の日を迎えることとなる。金堂の上層部はすでに昭和二〇年に解体され、一二面の天人の小壁画はすでに取り外されていたので、辛うじて罹災を免れた。

しかし、世界文化史上に輝く壁画が烏有に帰したことは日本はもちろん、世界の人びとに大きな衝撃を与えた。壁画の模写中に真冬の寒い金堂内での唯一の暖として電気座布団を使用していたことが出火の原因といわれたが、その真相は謎のままである。出火時間はわからないが、午前五時すぎに住職の佐伯定胤が諸堂を参拝したときには異常を感じていない。金堂修理に携わっていた瓦葺職の井上新太郎が、午前七時二〇分ごろに火災を発見した。すでにそのときには内陣は火の海となっていたという。通報を受けた修理事務所ではすぐさまサイレンを鳴らし、消防団や多くの人びとが消火活動に努め、やっと八時四〇分ごろに鎮火している。まさに悪夢の時間であった。しかし扉が閉まった状態での消火活動は大いに難航した。そのときに金堂修理の副棟梁を務めた田辺音松が、危険を冒して消火栓をコテ棒として内陣の大扉を巧妙にこじあけたことが消火活動に大いに役立っている。その功績に対して、法隆寺から感謝状と金一封を贈った。

その田辺の活動を近くで見ていた画家の吉田善彦は、「扉をあけたとたんに、それまで堂内でくすぶっていた黒煙が、一瞬に赤い炎となって吹き出してきて」と、そのときの切迫した状況を語っている。

この悲惨な出来事の全ては、焼損した壁画の前で合掌する定胤の写真と自らが記した『法隆寺日記』などの記事にすべてが凝縮されている。

『法隆寺日記』

「昭和二十四年一月二十六日（水）快晴

金堂火災之事。早朝六時□分（何分かは不明）頃修理工事事務所の「サイレン」鳴る。普通の鳴し方にも、非常警報の鳴らし方に非ず。

然る処、金堂出火の報あり。貫首以下一同打驚き、慌ただしく伽藍に走り到る。此時火は炎々として屋上に吐き出あり、消防隊は当地及び隣村より続々駆け着けて、ホースを取付けつつありたり。」

焼損直後の各新聞は「けさ法隆寺金堂全焼」を伝える号外をはじめ、「法隆寺金堂けさ焼失」「国宝・法隆寺の金堂焼く」「法隆寺金堂全焼す」「法隆寺十一面壁画焼く」と、その失われた世界的至宝を悼んで大々的に報じ、文部大臣の下条康麿は責任を執るよう辞職勧告を受ける一幕もあった。失火原因は壁画を模写していた画家の電気座布団のスイッチの切り忘れだとか、漏電説、放火説もあり、その真相ははっきりしなかった。この壁画焼損後、その責任問題、焼損壁画の保存方法などで紛糾している。かつて京都や奈良を米軍の爆撃から救うことをアメリカ政府に進言したといわれるラングドン、ウォーナーは金堂焼損の悲報に接して、すぐさま館長を務めるボストンのハーバード大学付属のフォッグ美術館所蔵の原寸大壁画写真を中央ホールの壁一面に飾って哀悼の意を示している。二八日付の『朝日新聞』には、つぎのような談話を寄せている。

「驚くべきことだというほかない。私だけがこうした貴い日本の文化財を戦火から守ったのではない。私たちと志を同じくする者がみな協力をした結果だったのだ。今の日本にはこうした気持が少ないように思う」

この壁画罹災という深い禍根は世界文化史上に深く刻まれ、その惨事を痛む声は後を絶たなかった。そのころ多くの人びとから法隆寺へ見舞いが送られていた。宮城県の徳力祐憲からの火災見舞に対する定胤からの礼状には、つぎのように記している。

「修理復興候えば、外観は何の異状もこれ無く、一千三百年のままのすがたに相成り申すべく存じ候。ただただ内陣の柱だけ新材に取り替えらるる程度に御座候。しかしながら最も取り返しの付かぬ事と相成り候は壁画の焼損にて、誠に痛惜の感に耐え申さず候。全く文部省の壁画模写役人の不注意怠慢の結果の事、ここに至りしものにこれ有り。文部省として大いに責任を自覚し、なるべく速急に復興すべき案を立て、すでに工事に着手致し居り申し候。三年もしくは四年間に成功出来申すべしと存じ候。」

このような記録からも、法隆寺や工事事務所の動揺ぶりが偲ばれる。

信仰と秘宝の間で・秘宝調査紛糾す

塔婆には仏舎利が納められている。しかし法隆寺の古記録には、それを確認した記事はない。ところが大正一四年（一九二五）に岸熊吉が塔の心礎を調査したところ、心柱の下に空洞があるのを発見したのである。

しかし公表することをさけて、極秘裏にその年の四月五日未明に佐伯定胤、関野貞、荻野仲三郎、岸らが、空洞内を調査して地下の心礎表面の穴から金銅容器に入った玉や海獣葡萄鏡と金、銀、瑠璃の三重の容器に収められた舎利を発見した。ところがこの秘宝は五重塔の本尊であることから、すぐさま埋め戻されて、一般には発表されることはなかった。ところが朝日新聞や毎日新聞にこの秘宝の存在が掲載されたことによって、世間の注目を集めることとなる。

とくに秘宝の中に、唐代の海獣葡萄鏡があることに学者たちは大いに注目をした。唐代の海獣葡萄鏡が納められていることは、法隆寺再建非再建論争にきわめて重要な意味をもっていたからである。再建論には有力な資料であった。しかしいずれ行われるであろう五重塔の解体修理のときに舎利容器の調査も行われるであろうと、研究者たちは期待をしていたのである。昭和一七年（一九四二）から五重塔の解体に着手したが、それは解体をするだけに留まった。やっと敗戦後に再建工事が進行するにともなって、そのころの工事事務所長大岡実を始めとして、各委員が法隆寺に対して再三に亘って公開を要請し、昭和二三年（一九四八）一〇月には文部省の国宝保存課長の有光次郎から、正式に法隆寺へ調査の申入れを行っている。法隆寺としては信仰の根本である舎利であるとする立場を厳守して、容易に公開には同意をすることはなかった。そしてこの問題は、しばらく暗礁に乗り上げる形となったのである。この秘宝問題に関する法隆寺の態度は、その年の一二月一三日に開いた会議で定胤が述べた言葉に象徴されている。

『法隆寺日記』（昭和二三年一二月一三日）

「近来研究者の間にて埋蔵品の公開を要求するの声あり、一旦外部に取り出す事あらば次には公開の要求迫り来る恐これ有り。是れは中々重大の問題也。塔の埋蔵品を軽率に公開するが如き事あらば金堂修理の際、伏蔵の公開も亦要求せらるゝの事無きに非ず。塔埋蔵品の外部取出しは其背後にかゝる策動の為なるや亦知るべからず。依って是れは断じて承諾出来難き事なり」

しかも金堂が炎上する不幸もあり、この問題はますます困難な状況となった。そして五重塔の再建工事もいよいよ進捗して九月二五日に立柱式を挙げることとなり、その問題は未解決のまま空洞に砂をつめられようとしていた。

五重塔の秘宝を公開しない法隆寺の態度に不満をつのらせていた国立博物館職員組合や日本美術史学会は、法隆寺と文部省に対して善処を要望する声明書を九月九日に提出する一幕もあった。そのことが、新聞各紙に報道されて、この問題を世間に訴えることとなり、俄に大問題として衆参両院の文部委員会でも質問が行われるという事態にまで発展をしていた。そのような背景のもとにこの問題の沈静化を図るために文部省は、社会教育局文化財保存課課長の深見吉之助を法隆寺へ派遣している。そして、法隆寺と充分に協議を行い速やかな解決策を模索させている。秘宝の公開をこばむ法隆寺に対して世情の声はきびしい批判が相次いだが、定胤の強い信念は微動だにもしなかった。深見も関係者たちと折衝して、両者は和解の道を探り合い、やがて定胤と深見とが最終的に合意をすることとなる。その会談の内容については『法隆寺日記』につぎのように記している。

「九月二十三日深見氏云く舎利容器安置の穴中に水侵入せるものの如し、銅盤上「コンクリート」にて覆ひあり。「コンクリート」溶解し浸水すとせば埋蔵の金属宝器を腐蝕せしむるに至る。依って此際清掃浄拭し、宝器を「ガラス」内に密閉し浸水と絶縁せしめ、永久に保存の処置を施さなくてはならぬ。これが為め一時外部の浄室に奉遷有り度し云々。

予（定胤）云く、是れは必要の事也。実行致度し。

深見氏云く、外部に一先奉遷の機会に信徒代表及び専門の学者五、六名に限り拝礼許るされては如何。非公開の下に拝礼許るさること出来ぬか。又学者の人選も寺側に於て決められて然る可し。予云く事重大也」

この二人の協議を経て、信仰の立場を尊重することを第一義とするとの認識のもとに調査を行うことに合意をした。そして九月二六日午前一一時に法隆寺と文部省は、この問題が円満に解決したことを同時発表して、その落着を見ることとなる。

ところが九月二四日付の『東京日々新聞』の夕刊の一面に、「法隆寺五重塔秘宝のカギ」の大見出しとともに「仏舎利はない」とし、東京大学建築学科教授岸田日出刀、同講師堀田捨巳、同助教授太田博太郎、衆議院文部委員長原彪、文部省文化財保存課課長深見吉之助による「舎利容器の公開非公開」の座談会が掲載された。後年になって深見から私に贈られた秘宝に関する新聞の切り抜きの中に、その『東京日々新聞』の掲載紙があり、それにはつぎのような深見の思いを記した張り紙がある。

「この記事は深見が西下する前日二四（年）、九（月）、二〇日に行われたもので、二二日朝刊に発表し、法隆寺の信徒総代会（二三日開催）を牽制するものであったが、小生が強硬に反対し三日間延期せしめ九月二四日の土曜日に掲載されたもので、この記事が事前二二日に発表されたら信徒総代会は決裂したと思われるものです。私には大変な決断でした」

秘宝公開問題の文部省側の代表者として、薄氷を踏むような気持ちで法隆寺側との協議に臨んだ深見の心情が察せられる。

五重塔秘宝の公開を迫る文部省と信仰の立場から拒否をする法隆寺は互いに歩み寄り、秘宝の容器を清掃することで同意。その機会に、信徒と学者の代表が奉拝するという形での調査を実施することとなったのである。

それにともなって九月二六日に文部省と法隆寺の合意書を作成し、文部大臣の高瀬荘太郎は、つぎのような談話を発表している。

「学問の探究はもとより必要であり、また、宗教の尊厳は犯すべからざるものであります。学者が研究のためには信仰を無視して顧りみず、宗教家が宗教の神秘を偏重して学問の自由を排するとすれば、それは文化国民として共に取らざることであります。

幸に秘宝を奉拝する機会を与えられましたことは、日本文化のため重大な意義あることであり、学術のためにも感謝に堪えぬところであります」

秘宝の奉出は一〇月三日午後一一時から行われ、舎利などを納めた宝器は法隆寺の図書施設である鵤文庫に遷座。一七日から容器の清掃と調査を行っている。調査には羽田亨（歴史）、岸熊吉（建築）、梅原末治（考古学）、石田茂作（仏教考古学）、藤田亮策（考古学）、小場恒吉（工芸文様）などの学者が選ばれた。その初日に法隆寺を訪れた高瀬文相は秘宝を奉拝。文相はそのときの印象を「頭が下がったの一言につきる」と語っている。やがて清掃と調査を終え、秘宝を納めるガラス製容器の作製と舎利を納める容器などの複製の完成を待って一一月二八日に、五重塔心礎の舎利穴へ奉遷したのである。

この秘宝の詳細と調査の内容は、『法隆寺五重塔秘宝の調査』（昭和二九年三月法隆寺発行）に詳しく記載している。

「心柱の下、深く納められている秘宝は硬質硝子を以て作製した容器に納め旧位置に戻し永久保存の方途を講じ、空洞は清浄な砂利を充填して崩潰を防ぐこととした」

この秘宝の公開問題が一段落したことによって、五重塔の修理工事が促進した。そのときに、心柱の腐食した部分を切り取って新材で補うこととなった。そして補充をする新しい材は、昭和二四年（一九四九）に長谷寺（桜井市）の境内にあった桧材が提供されたのである。

昭和二四年一二月一一日に心柱の立柱式を挙行。五重塔の再建は順調に行われるかに見られたが、昭和二五年（一九五〇）九月三日に近畿地方を襲ったジェーン台風によって須屋根が大破して、その復旧に三か月を費やしている。翌年からは軸部の組み立てがはじまり、昭和二七年（一九五二）三月には露盤や相輪を取り付け、いよいよ須屋根を取り除く作業に着手。一〇年ぶりに五重塔は、その優美な姿を現わした。そして五月一八日に五重塔修理落慶供養の舞楽法会を盛大に厳修したのである。

新しい太子の姿と和の高揚

第二次世界大戦は昭和二〇年（一九四五）八月一五日に終結した。そして敗戦による疲弊から立ち直ることに人びとは懸命となっていた。そのときに日本を平和国家として再建するためには、憲法十七条の第一条にある、和が最も受け入れ易い言葉であった。それまでの国粋主義が色濃い紙幣の図案は、占領軍司令部の指示によって追放される運命にあった。

ところが、そのときの日本銀行総裁の一万田尚登《いちまだひさと》が太子は平和主義者であり、文化的な人物であったと強く主張をしたことによって、紙幣からの追放を免れたのである。太子の姿が戦後の紙幣へ受け継がれたことによって、太子を和の提唱者として、日本文化の先駆者とする新しい太子観が形成されることとなる。しかし法隆寺に伝来する文献の中に、「和を以て貴しと為す」を太子の言葉として言及したものはない。

太子の遺徳を讃えるための『聖徳太子一千三百年御忌奉賛会』の趣意書の中にも、とくに「和」について強調はしていない。

戦前までは第三条の「三に曰はく、詔《みことのり》を承《うけたまわ》りては必ず謹《つつし》め。君は則《すなわ》ち天たり。臣は則ち地たり」が太子の代表的な言葉として宣揚をしていた。ところが、戦後になって太子の言葉も「和を以て貴となす」が代表的なものと変貌を遂げることとなったのである。

このように、太子の言葉も社会情勢を背景として変化している。人の心の移ろいに太子も天寿国で苦笑されているかもしれない。その意味からも「諸《もろもろ》の悪《あしきこと》をな作《せ》そ。諸の善奉行《よきわざおこな》へ」こそ、永久不変の太子の言葉として多くの人びとが実践されることを切望したい。

私たちは口先だけの「和」に終始するのではなく、まず、一人一人が「悪いことをしないで、善い行いをすること」に努めることによって、一歩一歩と「和」が実現する平和で平等な世界の実現へと近づきたいものである。

まさに太子は、理想の国家を建設するために多くの人びとの意見に耳を傾けつつ優れた政治手腕によって政治の大改革を断行した偉人であり、英雄、そして優れた思想家でもあった。現在のような混沌としている時代にこそ、私たちはあらためて太子の教えを見直すべき時期に直面しているように思われてならない。そしてお互いに信頼し合える社会、不条理な現世から脱却した世界を実現したいものである。

残念ながら、昭和五九年（一九八四）に太子は紙幣からその姿が消えた。是非ともわが国の政治の礎を築かれた太子に、もう一度、紙幣への再登場をお願いし、混乱している日本の政治や社会をしっかりと見守っていただきたい、と願う日々でもある。そして太子薨去の日である二月二二日を『太子の日』、憲法十七条発布の日である四月三日を『和の大切さを考える日』とすることを改めて強く訴え、太子の言葉を噛みしめつつ、正しい太子観の高揚が促進されることを大いに期待したい。

住職の佐伯定胤は第二次大戦後の混乱期にある日本を再建するには、聖徳太子が提唱した和の精神を広く高揚して、世の浄化を図らねばならないことを痛感していた。

仏教社会運動家として禁酒運動や廃娼運動を展開したことで知られる、高島米峰（浄土真宗本願寺派の僧・東洋大学学長・一八七五〜一九四九）が著した『聖徳太子正伝』（明治書院発行・昭和二三年（一九四八））の中で、法隆寺は太子の宗派を開くべきであると強調している。

「元来、法隆寺も、四天王寺も、共に宗派未分以前の創立にかかるもので、聖徳太子が、何宗にも属せず、何宗をも開闢せられたのではないばかりでなく、三経中心の聖徳太子の日本仏教の根本道場ともいふべき法隆寺が、法相宗に属して居るということ自体が、不自然であって、既成教団の何宗にも属しない、独立独歩の法隆寺であるべきである。最近、四天王寺が天台宗の羈絆《きはん》を脱したといふ、その後塵を拝するといふのではなく、法隆寺は法隆寺の立場で、法相宗から離脱することが、真に聖徳太子の造寺の精神に合致するものといふべきであらう」

かねてから定胤と深い交流があった高島が、法隆寺の独立をうながす見解を発表したのである。これを読んだ定胤は大いなる啓発を受けている。

昭和二四年（一九四九）の一一月には四天王寺が天台宗から独立して「和宗」を開き、太子の御廟がある叡福寺も真言宗を離れて「聖徳三経宗」を公称している。金堂罹災の後、定胤は明治三六年（一九〇三）から昭和二五年（一九五〇）までの四七年間に亘って在任していた法隆寺住職を引退。その後任に佐伯良謙が就任した。良謙は昭和六年（一九三一）に定胤の強い懇望によって興福寺から転じて法隆寺住職の後継者となり、一九年間に亘って定胤を補佐する日々を過ごしていた。しかし定胤は長老となってからも、法隆寺が聖徳太子を奉じる新しい宗派を開宗することを悲願としていたのである。

その年の九月二二日に開いた法隆寺信徒総代会の席上、定胤から一大決意が披瀝した。

「法相宗の教義は人びとの素質を五つに別けて仏となるものと、仏になれないものがあるとするのに対して、聖徳太子の教えはこの世の生きとし生けるものはすべて仏となるとするものであり、両者の教義は全然正反対のものである。是非とも法相宗を離脱して、新しい宗教を設立すべきである」（要旨）

聖徳宗開宗の発願主ともいうべき定胤は、老体にむちを打つかのように、宗務の充実とその発展に懸命となっていたのである。なお、正式の聖徳宗独立開宗奉告式は昭和二六年（一九五一）三月四日に執行をしている。

古代工具ヤリガンナの復元

五重塔修理につづいて、金堂の再建が急がれていた。昭和二四年（一九四九）四月から本格的な修理に着手し、昭和二五年（一九五〇）には新たに竹島卓一が法隆寺国宝保存事務所長に着任している。金堂罹災のショックによって陣容を一新したのである。すでに焼けた壁画を、焼損の姿のままで取り外して保存しようとする方針を決定していた。焼損した壁全体にアクリル樹脂注射と噴霧を施し、鋼鉄のフレームで締め付けてつり上げ、金堂基壇の東北部を切断。焼損した壁をレールに乗せて壁体処理場へ移動。これ以上に毀損をしないように保存処理を施すことが計画された。昭和二六年（一九五一）三月六日には「焼損壁画移動法要」が住職の佐伯良謙を導師として執行。いよいよ焼損壁画の抜き取り工事に着手し、壁体処理場でその保存作業を実施した。皮肉にも金堂罹災という不幸な事件が最大の難題であった壁画の保存という問題を一挙に解決させる結果となった。これによって再建作業が急速に前進したのである。罹災のために補充する下層の柱や雲形肘木を造る木材は、木曾御料林の良材を得ることが出来た。その新材を乾燥させる方法として高周波乾燥法を採用し、生木が乾燥させる時間を短縮したのである。

そして再建する原木から工法に至るまでの工程を、出来る限り古代のものに復元することを方針としていた。とくに大講堂などには斧や手斧で仕上げた古い柱と、台鉋で滑らかに仕上げた近世の補足柱が混在しており、全体的に見て調和が取れない状況が見られた。その問題を解決するために、浅野清は早くから「ヤリガンナ」などの古代工具の復元の研究にも取りかかっていたのである。

浅野は『古寺解体』の中で、つぎのように述べている。

「この仕上げの問題は、その後になって、せめて法隆寺の工事の山である金堂や五重塔の修理のときには、幾分経済的にも可能性が出ようから、それにそなえて準備することとなった。そしてまず工具の研究からはじめ、兵庫県三木の山本栄吾さんの好意で試作もしてみた。そうして進んで雲肘木の製作には彫刻家の石井鶴三さんが協力して下さるようにまでなって、わたしのささやかな念願も実現されることとなったのである」

古代工具ヤリガンナの技術は、すでに江戸時代のはじめごろに絶えていたのである。しかしヤリガンナは古くから桶師が使っていたし、古墳などからも出土していた。『春日権現霊験記』などには、工匠たちがヤリガンナや手斧を使って造材している様子が画かれていることも大いに役だっている。また昭和一四年（一九三九）に魚住為楽がヤリガンナで夢殿の厨子を造立したときの技術も大いに参考になった。また金堂や塔の古材に遺る刃のあとから、ヤリガンナや手斧を再現することも出来た。法隆寺が創建されたころは原木を割って素材を造り、その仕上げに手斧やヤリガンナを用いていたと考えられている。

しかし、今回の修理のときには、その方法を採用すると木材に無駄が多く、予算的にも工期的にも不可能であった。そのために初期の製材過程の工法部分は電気ガンナなどを使用し、仕上げの部分だけを古代の工具である手斧やヤリガンナで復元したのである。ところが直面した難題は、中央にまろやかな膨らみをもっているエンタシスの柱と雲形肘木の作製であった。とくに二八本のエンタシスの柱がすべて異なる曲線から出来ているので、それを復元することはきわめて困難な作業であったという。罹災した柱を解体して見ると、一本一本の柱の膨らみ加減が異なっていることが判明していたのである。金堂再建を陣頭指揮した法隆寺国宝保存事務所長の竹島卓一は、『苦労した復元作業』(アサヒグラフ増刊『法隆寺金堂壁画再現』一九六七年)に、つぎのように語っている。

「当時の大工は、はじめは横断面が円のようなエンタシス型の柱を建てたに違いない。しかし壁を塗ってみると、壁が厚ければ厚いほど柱の曲線が強調されてみえる結果になり、それが、きっと大工の目にかなわなかったのであろう。彼らは、荒壁を塗ったあと、一本一本の柱を目で見て美しい曲線を描くまで削ったに相違ない。そして焼ける前の、われわれが見た金堂の柱の美しさを表現しえたのであろう」

また金堂の雲肘木には雲形の彫刻があり、それだけでも優れた飛鳥彫刻であった。それを復元することも高度な技能を必要としていた。その難題を解決したのが東京芸術大学教授の石井鶴三である。石井は六人の彫刻家とともに東室を作業場として仏像を刻むかのような敬虔なる態度で、その再現に従事をしていた。

なお、ここに特記しておきたいのは金堂の扉のことである。金堂には厚さ一〇センチほどの立派な桧の一枚板の扉がある。金堂罹災のときに火に罹ったのはいずれも内側だけであった。そのために焼けた扉を中心から半分に切断し、焼け残ったものを二枚づつ貼り合わせて四枚の扉を造ったのである。それを金堂の西面と北面の扉とし、あとの扉は新材で復元している。

そして昭和二八年（一九五三）一一月一日に金堂の上棟式が行われた。大湯屋から出仕する寺僧たちの行列が、金堂へ向かう姿を懐かしく思い出す。上棟の儀式を終えた棟梁の西岡楢光をはじめとする匠たちが、祝い酒で顔面を染めながら御幣や木槌などを持って西大門から帰って行った姿が、今もしっかりと私の目に焼きついている。

最近、そのときの儀式に使われた木槌の一つを、副棟梁を務めた田辺音松の遺族から私に贈っていただいた。私にとってその木槌は小僧になったころの最も印象深いものであり、私の大切な宝物の一つになっている。

そのころ焼損した壁画の保存処理なども続行していた。世界の至宝といわれる焼損前の法隆寺金堂の壁画を、残念ながら私は知らない。その美しさは、写真や人の話から想像するしかない。しかし、今となっては知らないほうが幸せであったのかも知れない。

もし、知っていれば焼損した壁画があまりにも無残であり、今以上にもっと悲しくなるに違いない。

その焼損した壁画を保存する施設として、収蔵庫が昭和二七年に完成していた。その内部では焼けただれたままの柱や壁画を、罹災したときの姿の状態で組み立てる作業が行われていた。そのころの私は収蔵庫に入ると自然と涙があふれ出たものである。それは決して壁画の悲惨なさまを見て流れる涙ではなかった。残念ながら幼い私にとって、焼損した壁画がいかに悲劇の主人公であるかといったことを充分に理解するだけの能力が育っていなかったのである。ただ、樹脂の強烈で刺激的な匂いが私をそうさせたにすぎない。今から思えば、まことにはずかしいかぎりである。

やがて私は年を重ねるにしたがって、日本文化をこよなく愛したラングドン・ウォーナーが「焼けた壁画は見るにしのびない。友の亡骸に接するような心地がする」と語られた言葉を噛みしめて受け取れるようになった。しかし私たちにはそれだけですまされない責務を感じる。

焼損したとはいえ、今なおかつての美しい壁画をしのばせる焼損壁画。それは決して死んだものとは思われない。壁画自身も必死に耐えしのび、人びとの努力によって、壁画の箇所によっては焼損以前よりも鮮明となったところもある。私たちは、壁画の苦痛を意《こころ》として、このような惨事が再び起こらないよう、焼損壁画がいついつまでも、私たちを凝視し、無言の忠告を与えつづけていることを忘れてはならない。

その大惨事を契機としてわが国の文化財保護の気運が高まり、そして昭和二五年（一九五〇）に「文化財保護法」が制定されることとなった。この壁画の焼損が文化財保護のための礎になったのである。

金堂の再建が進むにつれて屋根の大棟に鴟尾を上げるか、鬼瓦にするか、という議論が討議されていた。昭和大修理の方針は、出来る限り創建されたころの様式に戻すことにその主眼が置かれていたことによる。

とくに金堂を解体したときから、各時代の修理の痕跡を綿密にたどりつつ、創建時の姿に近づけることに努力をしていた。

充分な資料がないところは、これまでの知見から推測されることもあり、専門家たちの見解が対立することもあった。

幸いなことに、金堂とほぼ同時代の貴重な資料としては玉虫厨子がある。この厨子の屋根は、錣葺きになっていて、その棟には鴟尾が載せられていた。金堂もこれにならって、鴟尾を採用するべきだ、との議論も出されていた。しかも境内からは鴟尾の断片が発見されていた。しかし、解体以前は近世の鬼瓦が大棟を飾っていたのである。金堂の解体修理が完成に近づいても「鴟尾か、鬼瓦か」の論争を捲き起こしていたが、その議論は平行線をたどり、ついに決着がつかなかった。すでにそのころ、どちらになっても対応出来るように鴟尾と古式の鬼瓦が準備されていたのである。最終的に鬼瓦を採用して今日に至っている。

「法隆寺昭和資財帳」編纂

太子の一三五〇年のご遠忌の記念として、大宝蔵殿の北倉で開催した『法隆寺聖徳太子尊像展』が好評であった。それを発案した私は大いに勇気づけられた。その実績を踏まえつつ、一つのテーマに焦点を合わせた『法隆寺秘宝展』を毎年の秋に開くこととなる。それによって、今まで未整理であった寺宝も序々に整理されたのである。

そのころ「奈良六大寺大観」の編纂のために調査が行われ、それに立ち合うといった絶好の機会にも巡り会った。

そのときに研究者たちの近くで、その謦咳に触れたことは私にとって幸せであった。

小僧のころから土蔵などの隅々まで入って、宝探しを遊びの一つにしていた私は、そこに眠っている膨大な資料が山積されているのを見て、いずれは整理をしなければならないという大きな夢を抱いていたのである。その熱情は冷めることはなかった。

やがて法隆寺の全ての宝物を調査し、それらを整理してしっかりとした保存処置をすべきではないだろうか、という永年の私の思いを研究者たちに相談をする時代が訪れた。そのときのほとんどの答えは「是非とも実行すべきであり、私たちも大いに期待している。しかしいずれにしても大きな事業であるからしっかりと腰を据えて行うべきだろう。」と言う意見が大勢を占めていた。昭和五三年（一九七八）ごろに私がそのような構想を抱いていることを伝え聞いた出版社の小学館から、その計画を実行に移すならば是非ともお手伝いをしたいとの申し出があった。そのことを法隆寺内でも相談して、昭和五六年（一九八一）の太子一三六〇年遠忌の記念事業としてスタートを切ることを決断をすることとなる。そして住職の間中定泉に随伴して、太田博太郎に法隆寺の宝物の総目録を作成するために是非とも指導と協力をいただきたいとお願いをしたのである。そしていよいよ調査に向けて一歩ずつ前進をしていたころ、ある集まりで、法隆寺の宝物調査のことが話題になったことがあった。そのときに西川杏太郎（文化庁・奈良国立博物館館長）から「それはまさに昭和の法隆寺資財帳作りですね」と言われたのである。やがてその言葉をいただいて、この調査を「法隆寺昭和資財帳」と呼ぶことになる。

そして、小学館が全面的に協力をすることも決定した。そのとき法隆寺と小学館が同意をした趣意書には、つぎのように記している。

「法隆寺は来る昭和五六年に聖徳太子御聖忌千三百六十年を迎えますが、かねてより当山所蔵の什宝の全てを整理し「法隆寺昭和資財帳」ともいうべき昭和の総目録の作成を行うことが、法隆寺に止宿する僧侶の使命の一つと考え、その機が熟するのを切望いたしておりました。幸い昭和五七年に創業六〇年を迎える株式会社小学館がその記念事業の一端として「法隆寺昭和資財帳」の刊行に全面協力をしたい旨の申し出があり、その後充分に検討した結果、原則的な合意に達しました」

そしてまず編纂委員会を設置して、太田博太郎に委員長を依頼、倉田文作、坪井清足、鈴木嘉吉にそれぞれ委員を委嘱し、資財帳の編纂事業は大きく前進をしつつあった。そのようなときに間中定泉が法隆寺住職を勇退（昭和五七年三月）され、大野可円が住職に、そして私が執事長に就任したのである。いよいよ資財帳の調査に本格的に取り組む時期が到来したのである。

「法隆寺昭和資財帳」編纂の調査は、奈良国立博物館と奈良国立文化財研究所を中心に協力をいただくこととなった。そして聖徳会館内に「法隆寺昭和資財帳編纂所」を開設。私が資財帳編纂所長を兼ねるとともに、事務局と調査室の機能を充実するための準備にとりかかったのである。

しばらくして浜田隆（文化庁・奈良国立博物館館長）、西川杏太郎、山本信吉（文化庁・奈良国立博物館長）にも委員に加わって貰うこととなった。そして法隆寺からは、資財帳編纂の提唱者として私が委員に加わったのである。

なお、昭和一三年（一九三八）に法隆寺美術工芸品調査委員に就任して西円堂奉納鏡や武具、武器などを調査された末永雅雄（前奈良県立橿原考古学研究所所長）の推挙によって、菅谷文則（奈良県立橿原考古学研究所）と宮崎隆旨（奈良県立美術館）が調査に参加をすることとなった。

銅鏡は菅谷、武器武具は宮崎がそれぞれ担当した。そして「昭和資財帳」の編纂は、昭和五七年（一九八二）四月二六日の銅鏡の調査からはじまったのである。偶然にもその日に漢代の鏡や唐代の海獣葡萄鏡をはじめ、貴重な和鏡など続々と発見をしたことによって、調査の前途に大いなる期待がもたれることとなる。やがて銅鏡に続いて飛鳥時代の蜀江大幡や金箔牛皮のついた馬甲《うまよろい》、褥《じょく》などの発見もあり、それらは新聞、テレビを通じて大きく報道された。そして「昭和資財帳」を編纂する意義を広く人びとに理解していただくこととなったのである。

考古関係も奈良国立文化財研究所で古瓦や百萬塔の調査も始まり、百萬塔が四五、七五五基も伝来し、その塔底などに残る墨書銘から奈良時代の工人たちの様子を伝える貴重な成果をもたらした。

奈良国立博物館による調査は倉田文作の他界という予期せぬ不幸もあって着手が少し遅れたが、しばらくして後任の浜田隆の指揮のもとに、彫刻、工芸、絵画の調査もはじまった。

建築部門も奈良国立文化財研究所によって進行し、ここに「昭和資財帳」作りは全面的に前進をすることとなったのである。

そのころ見つけた『法隆寺宝物目録』（千早定朝編）に、私と同じ考えがあったことが記されていた。

「天平の古式に倣ひ當寺流記資財帳を編集せんと欲するの志念あり」

すでに明治期にも、『法隆寺明治資財帳』の作成をしたいと言う考えがあることが語られていたのである。

この発見が私にとって大きな励みともなった。私は、この事業に対していかなる困難が待ち受けていようとも必ず完成をしなければならないと堅く誓ったのである。そして資財帳の調査とともに、明治時代の記録の整理にも懸命となり調べれば調べるほどに興味が湧いた。

膨大な未整理の資料に接するたびに、私は幸せを感じていたからである。

とくに平成五年一二月一〇日に、法隆寺が日本最初の世界文化遺産に登録されたことは特筆すべき出来事であった。

そのころ私は、法隆寺の通史を編纂する夢を実現したいと考えていた。それは、法隆寺年表や法隆寺銘文集成を発行した五〇年ほど前からじっと温めていたものであった。そして多くの人びとの協力によって、法隆寺宝物の総合調査である「昭和資財帳」の調査につづいて法隆寺史の編纂の時期が到来したのである。ちょうど百済観音堂の建立に着工をしたころであった。この百済観音堂の着工を期して、法隆寺史の編纂に着手しようと考えたのである。そして平成八年（一九九六）三月一九日に、百済観音堂建設委員長を依頼している太田博太郎に、百済観音堂の起工式について挨拶にうかがったときのことである。私は、永年の悲願である「法隆寺史」の編纂を相談することとなった。そしてすぐさま賛同をいただき、総監修に就任することをご承諾いただいたのである。「よく鈴木嘉吉を委員長として勧めるように」というアドバイスをいただいたのであった。

そのことから、鈴木嘉吉の指導のもとに編纂に協力をいただくそれぞれの機関へ依頼に訪れたこともあった。そして翌九年四月二日に、待望の「法隆寺史編纂会議」を開催をしたのである。それからも会議を開いたり、聖徳会館にある法隆寺昭和資財帳編纂所の近くに法隆寺史編纂所を開設することになり、やがて専属の所員を置くことにもなった。しかし、そのころ法隆寺住職として私は百済観音堂建立の勧進のための講演で全国を行脚をしたり、フランスルーブル美術館での「百済観音展」の開催などに没頭せざるを得なかったのである。そして待望の百済観音堂の建立を契機して、法隆寺住職を辞した。そして法隆寺学の形成に取り組むこととなったのである。

なお法隆寺史は、大正一〇年（一九二一）の聖徳太子一三〇〇年御忌を記念して編纂されたこともあった。法隆寺から委嘱を受けた大屋徳城が『法隆寺志』としてまとめたものである。大正一〇年には、大部なものからその一部分を抜粋して『法隆寺小志』として公刊している。『法隆寺小志』の「はしがき」には「今年本願太子一千三百年の忌景を迎ふるに当たり、之れが記念として寺史編纂希望弥々切なり。研鑽茲に多年、功已に脱せり。（中略）本編の印刷を他日に譲り、法隆寺編纂所に於いて編纂の法隆寺小志を刊行し、聊か希望の一端を示すと云尓。大正十年四月・法隆寺管主佐伯定胤」と記している。大屋は『法隆寺志』をその後も推敲を重ね昭和三年（一九二八）に脱稿したが、未刊のままになっていたのである。私はそれをまず刊行することを考えたこともあった。しかし編纂してからすでに八〇年が経過していることもあり、資財帳の調査や昭和大修理にともなう多くの新発見もあったので、現代の研究者たちに執筆を依頼すべきであろうと考えたのである。

私も法隆寺の歴史に関心を抱いているが、それは法隆寺内部の立場から見た歴史となり、偏向的な法隆寺史になることを恐れていた。そのことから、専門の研究者による編纂が最もベターなものであるとするのが私の基本方針であった。そして多くの研究者たちによって法隆寺史の編纂が行われつつあることに感謝をする昨今である。それとともに、私は法隆寺の寺僧としての立場から法隆寺学の前進を目指す日々を過ごすことにその喜びを噛み締めている。

法隆寺年表

年号	西暦	月日	事蹟	関連事項
敏達 三年	五七四		聖徳太子（厩戸皇子）生まれる	帝説・補闕記
敏達 一四年	五八五	九月	太子の父、用明天皇即位	書紀
用明 一年	五八六		法隆寺および薬師仏の造立を発願	薬師光背銘
用明 二年	五八七	四月 九日	用明天皇崩御。磐余池上陵に葬る	書紀
		七月	蘇我馬子ら物部守屋を滅ぼす。太子もこの戦いに加わる	書紀
崇峻 五年	五九二	一二月	推古天皇即位	書紀
推古 一年	五九三		四天王寺を起工する	書紀
		四月一〇日	聖徳太子、皇太子（摂政）となる	書紀
推古 三年	五九五	五月一〇日	高句麗僧恵慈、来日。太子の師となる	書紀
推古 四年	五九六		太子恵慈らと伊予道後に旅する	釈日本紀
推古 九年	六〇一	二月	太子、斑鳩宮を造る	書紀
推古 一〇年	六〇二	一〇月	百済僧、観勒が来日	書紀
推古 一一年	六〇三	一一月 五日	太子、冠位十二階を制定する	書紀
推古 一二年	六〇四	四月 三日	太子、十七条の憲法を作る	書紀
推古 一三年	六〇五	一〇月	太子、斑鳩宮に移る	書紀
推古 一四年	六〇六		太子、岡本宮で法華経を講じ、天皇より播磨の水田を賜る。太子これを斑鳩寺へ施入する	書紀
		七月	太子、勝鬘経を講ずる	書紀
推古 一五年	六〇七		小野妹子を隋へ派遣する	書紀
			太子、用明天皇のために金堂薬師如来像を造顕	薬師光背銘
			法隆寺建立	帝説・薬師光背銘
推古 一六年	六〇八	四月	小野妹子、隋使裴世清とともに帰国	書紀
推古 一九年	六一一	一月二五日	太子『勝鬘経義疏』を製す	補闕記

年号	西暦	月日	事蹟	関連事項
推古 二一年	六一三	九月一九日	太子『維摩経義疏』製す	補闕記
推古 二三年	六一五	四月	太子『法華義疏』を製す	補闕記
		一一月	恵慈法師、高句麗へ帰国	書紀
推古 二八年	六二〇		太子、馬子とともに『天皇記』『国記』を撰録する	書紀
推古 二九年	六二一	一二月二一日	太子の母、間人皇后薨去	釈迦光背銘
推古 三〇年	六二二		この頃、橘大郎女、太子を偲んで天寿国曼荼羅繍帳を作る	帝説・刺繍銘
		二月二二日	聖徳太子亡くなる。磯長陵に葬る	帝説・釈迦像銘
推古 三一年	六二三	二月二二日	恵慈法師亡くなる	帝説
		三月	金堂の釈迦三尊像を造る	釈迦光背銘・帝説
推古 三二年	六二四	九月	寺院、僧尼の調査を行う。寺院数は四六箇所という	書紀
推古 三六年	六二八	三月	推古天皇崩御	書紀
		一二月	僧恵燈が蘇我大臣のために戊子年銘の釈迦仏像を造顕する	光背銘
皇極 二年	六四三	一一月 一日	蘇我入鹿、山背王らを斑鳩宮に襲う。上宮王家滅亡	書紀・帝説
大化 一年	六四五		大化改新	書紀・帝説
大化 四年	六四八		食封三百戸が法隆寺に施入される	資財帳
白雉 一年	六五〇		山口直大口、詔を奉じて千仏を刻む。このころ、金堂の四天王像造顕か	資財帳
天智 九年	六七〇	四月三〇日	夜半、法隆寺焼失、一屋無余という	書紀
天武 八年	六七九		大化四年施入の法隆寺食封停止	資財帳
天武 一一年	六八二	二月	飽波刀自が平絹幡を法隆寺に施入する	墨書銘
天武 一四年	六八五		僧恵施が法起寺の堂塔を造営する	法起寺露盤銘
持統 二年	六八八	七月	黄地平絹をつくる	墨書銘
持統 七年	六九三	一〇月二六日	持統天皇が仁王会のために経台、法具などを法隆寺へ施入する	資財帳
持統 八年	六九四		藤原京に遷都	書紀
		三月	法隆寺僧の徳聡らが観世音菩薩の像顕を発願する	像造記
慶雲 三年	七〇六		法起寺の露盤を造る	目録抄

年号	西暦	月日	事蹟	関連事項
和銅　三年	七一〇		平城京に遷都	続紀
和銅　四年	七一一		五重塔の塑像および中門の金剛力士像を造る。この頃法隆寺再建か	資財帳
天平　九年	七三七	二月二二日	行信が太子の遺愛の品を集める	東院資財帳
天平　一一年	七三九	四月一〇日	行信が上宮王院（東院）夢殿を造立する	東院縁起
天平　一九年	七四七	二月一一日	『法隆寺伽藍縁起并流記資財帳』を作成する	資財帳
天平　二〇年	七四八	二月二二日	行信、聖霊会を始める	東院縁起・別当記
天平勝宝　八年	七五六	七月　八日	聖武天皇遺愛の品が法隆寺など十八か寺に施入される	献物帳
天平宝字　五年	七六一	一〇月　一日	『仏教并資財条（法隆寺東院資財帳）』を作成する	東院資財帳
神護景雲　一年	七六七	九月　五日	行信発願の大般若経など二千七百巻の写経を孝仁が完成する	奥書
神護景雲　二年	七六八	一月	正月、吉祥悔過を大講堂で始める	寺要日記
神護景雲　四年	七七〇	四月	百萬塔の造顕完成。法隆寺などの十大寺へ分納される	続紀
延暦　一三年	七九四		平安京に遷都	続紀
貞観　一年	八五九	九月一九日	道詮が奏上して夢殿を修理する	東院縁起
延長　三年	九二五		講堂・北室・鐘楼などが焼失する	別当記・目録抄
正暦　一年	九九〇		大講堂を再建する。この頃同堂の薬師三尊像成る	別当記・目録抄
治安　三年	一〇二三	一〇月二六日	藤原道長、法隆寺に参詣、上宮王院を修理する	別当記
治暦　五年	一〇六九	二月	絵師秦致真が上宮王院絵殿の聖徳太子絵伝を描く	別当記
		二月　五日	仏師僧円快と秦致貞が聖徳太子七歳像を造る	像内墨書
承暦　二年	一〇七八	一月　七日	吉祥天・毘沙門天の両立像を造り金堂に納める	金堂日記
		一月　七日	吉祥悔過を金堂に移して行う	目録抄
		一月　八日	橘寺より小金銅仏四十九体などを金堂に移す	金堂日記
永保　一年	一〇八一		西室が雷火により焼失する	別当記
元永　一年	一一一八		勝賢が発願した写経二千七百余巻が完成する	文書
保安　二年	一一二一	一一月二一日	東室の南面を改造して聖霊院とし、聖徳太子坐像および侍者像五体を安置する	別当記
保安　三年	一一二二	三月二三日	林幸らが発願して四千四百余巻の一切経写経事業を行う	勧進状

年号	西暦	月日	事蹟	関連事項
建久 三年	一一九二		源頼朝が鎌倉幕府を開く	文書
建保 七年	一二一九	二月二六日	上宮王院舎利殿の造立をはじめる	棟木銘
寛喜 三年	一二三一	三月 八日	金堂の阿弥陀如来坐像を造顕	別当記・光背銘
		三月 八日	西室を再建し、南端を三経院とする	別当記
貞永 一年	一二三二	八月	金堂阿弥陀如来坐像の開眼供養をする	別当記・光背銘
嘉禎 四年	一二三八		この頃、法隆寺僧顕真が『聖徳太子伝私記』を著す	目録抄
建長 二年	一二五〇	一二月 八日	西円堂の再建が完成する	心束銘・棟札銘
建長 四年	一二五二	六月一八日	五重塔に落雷。三層目から心柱に沿って燃え、衆徒らが登って消火するという	一陽集
弘長 一年	一二六一	二月 八日	西円堂で薬師悔過と鬼追式を始める	寺要日記
		九月 四日	御嵯峨太上天皇が行幸。綱封蔵を開封する	別当記
文永 一一年	一二七四	二月二六日	中宮寺の信如尼が綱封蔵で天寿国曼荼羅繍帳を発見すると伝える	聖誉抄
元亨 四年	一三二四	四月 九日	上御堂の再建が完成する	別当記・嘉元記
建武 一年	一三三四		建武中興	文書
建武 五年	一三三八		足利尊氏が室町幕府を開く	文書
永和 一年	一三七五		この頃、護摩堂建立	像内墨書
明徳 三年	一三九二		南北朝の合一	文書
永享 七年	一四三五	一月一一日	学侶・堂方の対立により南大門焼失	一陽集
天正 二年	一五七四	一月	織田信長が法隆寺境内で陣取りなどを禁止する掟を作る	法隆寺文書
		一一月	織田信長が法隆寺を西寺と東寺に分離する	斑鳩古寺便覧
天正 八年	一五八〇		鵤荘（兵庫県太子町）が法隆寺から分離する	文書
文禄 四年	一五九五		太閤検地の後、法隆寺へ千石の寺領（大和国阿部村＝現在の広陵町）が与えられる	文書
慶長 五年	一六〇〇		関ヶ原の戦い	文書
慶長 八年	一六〇三		徳川家康が江戸幕府を開く	文書
慶長 一〇年	一六〇五		この頃、豊臣秀頼が法隆寺の全伽藍を修理する	法隆寺文書

年号	西暦	月日	事跡	関連事項
慶長　一九年	一六一四	一一月一六日	徳川家康が大坂冬の陣の途上法隆寺に立寄り、戦勝を祈願する	一陽集
元和　八年	一六二二		金光院・律学院、焼失	一陽集・愚子見記
寛永　四年	一六二七		この頃から律学院再建か	像銘
貞享　一年	一六八四	一一月　五日	西大門が焼失する	法隆寺文書
元禄　三年	一六九〇	二月十五日～	法隆寺の諸堂を開帳する	文書
		一月	『法隆寺年会日次記』を記しはじめる	日次記
元禄　七年	一六九四	六月～	覚勝らが江戸出開帳を行い、伽藍修復の勧進をする	文書・日次記
元禄　八年	一六九五	三月～	京都で出開帳を行う	天保記
		七月	将軍綱吉の武運長久を祈願して、桂昌院が講堂前に大金燈籠を造立	刻銘・文書
元禄　九年	一六九六		この頃、法隆寺全伽藍の大修理を行う	文書・日次記
		三月～	大坂で出開帳を行う	天保記
		一一月～	秘伝夢殿本尊と厨子の修理をする	刻銘・文書
享保　五年	一七二〇	二月	法隆寺開帳	文書
享保　九年	一七二四	二月	京都で出開帳を行う	文書
享保　一二年	一七二七	一月	勧学院、焼失。古記録など焼損	文書
延享　三年	一七四六		『古今一陽集』を編纂する	奥書
宝暦　六年	一七五六	二月	大坂で出開帳を行う	文書
宝暦　一四年	一七六四	四月	護摩堂と聖天堂が焼失	文書
安永　五年	一七七六	三月	護摩堂、再建	文書
安永　七年	一七七八	一一月	聖天堂、再建	文書
寛政　七年	一七九五	二月	京都で出開帳を行う	文書
寛政　九年	一七九七	九月	全ての堂方が学侶に昇進	文書
寛政　一一年	一七九九	九月　一日	寺法の大改正を行う	文書
天保　七年	一八三六	二月	法隆寺で開帳を行う。『和州法隆寺霊宝目録』を開版	文書
天保　一三年	一八四二	六月	江戸で出開帳を行う。『御宝物図絵』を開版	文書

年号	西暦	月日	事跡	関連事項
天保　一六年	一八四五	三月	大坂で出開帳を行う	文書
明治　一年	一八六八		明治維新	文書
			神仏分離令布告。廃仏毀釈運動起こる	文書
明治　二年	一八六九	九月	菅廟破却事件起こる	文書
		一〇月	法隆寺の寺宝の大改正を行う	文書
明治　五年	一八七二	八月二六日	文部省の町田久成らが法隆寺の宝物を調査する	日記・文書
明治　六年	一八七三	一〇月	真言宗へ所轄を依頼する	日記・文書
明治　九年	一八七六	一一月	皇室への宝物献納願を堺県に願い出る	日記・文書
明治　一一年	一八七八	二月一一日	宝物献納が決定し、一万円が下賜される	日記・文書
明治　一二年	一八七九		子院に伝わる宝物を法隆寺本坊に集める	日記・文書
明治　一五年	一八八二	六月二六日	興福寺とともに法相宗として独立する	文書
明治　一七年	一八八四	八月一六日	この頃、フェノロサ、ビゲロー、岡倉天心らが来山して宝物を調査する	日記
明治　二〇年	一八八七		この頃から「法隆寺再建非再建論争」が起こる	文書
明治　二六年	一八九三	八月　一日	法隆寺勧学院を開く	文書
明治　二八年	一八九五	秋	正岡子規が法隆寺を訪れる	句碑刻銘
明治　四一年	一九〇八	一月	法隆寺維持基金を確保するために、百萬塔を譲与する	文書
明治　四四年	一九一一	二月	土蔵から百済観音像の宝冠を発見	文書
		六月	岡倉天心が法隆寺会の設立を提唱	文書
		一一月	玉虫厨子の鴟尾や釈迦誕生仏など盗難	文書
大正　四年	一九一五	四月	皇太子（昭和天皇）行啓。金堂前に松樹のお手植えを賜る	日記
大正　一〇年	一九二一	四月一一日〜	聖徳太子一千三百年御忌法要を厳修する	日記
大正　一二年	一九二三	五月	久邇宮良子女王（昭和皇后）お成り。金堂前東に松樹をお手植え賜る	日記
大正　一三年	一九二四	二月	聖徳太子一千三百年御忌奉賛会を財団法人聖徳太子奉賛会に改称する	日記

年号	西暦	月日	事蹟	関連事項
大正 一五年	一九二六	四月 五日	五重塔心礎から舎利容器を発見する	日記
昭和 九年	一九三四	五月二七日～	法隆寺昭和大修理が始まる	日記
昭和 一四年	一九三九	一〇月二二日	若草伽藍の塔心礎が旧地に還る	日記
		一二月	石田茂作・末永雅雄が若草伽藍を発掘し、創建法隆寺の塔と金堂の遺構を発見する	調査報告書
昭和 一六年	一九四一	一二月八日～	太平洋戦争が始まる	
昭和 二〇年	一九四五	五月～	金堂の解体修理が始まる	修理報告書
		八月一五日	太平洋戦争が終わる	
昭和 二四年	一九四九	一月二六日	未明、金堂より出火、壁画を破損	修理報告書
昭和 二五年	一九五〇	一一月一五日	聖徳宗を開く	日記
昭和 二六年	一九五一	六月 九日	法隆寺旧境内が国の史跡に指定される	日記
		七月～	「法隆寺夏季大学」を始める	日記
昭和 二七年	一九五二	五月	五重塔の修理完成	日記
昭和 二九年	一九五四	一一月 三日	第一次昭和大修理ならびに金堂修理落成法要を厳修する	日記
昭和 三六年	一九六一	四月一一日	聖徳会館が新造される	日記
昭和 四二年	一九六七		法隆寺境内が歴史的特別保存地区に指定される	日記
		一月三〇日	焼損した金堂壁画の再現事業を発願、翌年完成する	日記
昭和 四六年	一九七一	四月 三日	聖徳太子一千三百五十年御聖諱法要を厳修する	日記
昭和 五四年	一九七九	一二月 五日	天皇皇后行幸	日記
昭和 五六年	一九八一	四月一一日～	『法隆寺昭和資財帳』の編纂に着手する	日記
昭和 六〇年	一九八五	一一月 三日	昭和大修理完成法要を厳修	日記
平成 五年	一九九三	一二月一〇日	「法隆寺地域の仏教建築群」がユネスコの世界文化遺産に登録される	日記
平成 六年	一九九四	三月 ～	法隆寺昭和資財帳の調査完成を記念して、「国宝宝竜寺展」を開催する	日記
平成 七年	一九九五	四月 五日～	百済観音堂建立勧進「法隆寺薪能」を開催する	日記

年号	西暦	月日	事蹟	関連事項
平成　八年	一九九六	四月　九日	百済観音堂起工式を厳修する	日記
		一二月一一日～	世界遺産登録三周年を記念して、法隆寺フォーラム・太子道サミットなどを開催する	日記
平成　九年	一九九七	四月～	『法隆寺史』の編纂に着手する	日記
		九月　九日～	日本・フランス両国政府の要請により、百済観音像をパリ・ルーブル博物館に出陳する	日記
		一二月～	文化財指定制度一〇〇周年を記念して、全国で「百済観音展」を開催する	日記
平成　一〇年	一九九八	一〇月二二日～	大宝蔵院百済観音堂の落慶法要を厳修する	日記

関連事項の文献で略記しているものは下記のとおり。

帝説：『上宮聖徳法王帝説』　補闕記：『上宮聖徳太子伝補闕記』　書紀：『日本書紀』　薬師光背銘：『薬師如来像光背銘文』　釈迦光背銘：『金堂釈迦三尊光背銘』　刺繍銘：『天寿国曼荼羅繍帳銘』　資財帳：『法隆寺伽藍縁起并流記資財帳』　法起寺露盤銘：『法起寺塔露盤銘』　像造記：『観音造像銘』　目録抄：『聖徳太子伝亦名古今目録抄』　東院資財帳：『仏教并資財条（法隆寺東院資財帳）』　東院縁起：『法隆寺東院縁起』　別当記：『法隆寺別当記』　続紀：『続日本紀』　文書：『法隆寺文書』　勧進状：『林幸一切経書写勧進状』　聖誉抄：『太子伝聖誉抄』　一陽集：『古今一陽集』　日次記：『法隆寺年会日次記』

あとがき

法隆寺の歴史に関心を抱いてから今年で六十年目を迎える。

小僧のころからホコリにまみれながら集めたり、写し取った資料に対する思い出は尽きない。やがてそれをベースとした法隆寺年表を作成したり、法隆寺の歴史を調べることとなる。とくに私の悲願であった法隆寺昭和資財帳編纂や百済観音堂の建立勧進のために、全国都道府県で講演会をしたことは研鑚を増進する機会ともなった。そのようなときに話したり、執筆したものをベースとしてまとめたのが本書である。

その中にはページの都合もあり法隆寺に関する重要なテーマが欠如していることも多いが、法隆寺一四〇〇年の流れを知っていただく基本的な法隆寺学入門書と思っていただきたい。

とくに本書では多くの人々にお読みいただくことに重きを置いたので、写真などは出来るだけ控えた。

なお、本書では全体のバランスの関係から先学諸賢の尊称をすべて省略していることを諒とされたい。

本書の刊行に至るまで雄山閣編集部の桑門智亜紀氏に校正などすべてにご苦労をいただいた。厚くお礼を申しあげる。

平成二十七年二月二十二日

著者

■著者略歴

高田 良信（たかだ　りょうしん）

1941年2月22日奈良県に生まれる。

1953年法隆寺に入寺して、法隆寺管主佐伯良謙の従弟となり、翌年得度する。龍谷大学大学院修了後、法隆寺文化財保存事務所所長・法隆寺執事長・法隆寺昭和資財帳編纂所所長・法起寺住職などを歴任。平成4年から法隆寺の寺務一切を総括。法隆寺住職代行・法隆寺管主などを経て聖徳宗第5代管長・法隆寺第128世住職に就任。

法隆寺伝統行事の再興と法隆寺昭和資財帳や法隆寺寺史の編纂などを提唱する。法隆寺昭和資財帳編纂の完成と百済観音堂の落慶を契機に法隆寺長老に就任。法隆寺昭和資財帳編纂の成果を踏まえ、ライフワークである「法隆寺学」の確立をめざし現在に至る。

法隆寺長老（法隆寺128世管主）・日本ペンクラブ会員など。

〈主要著書〉

『法隆寺』共著（学生社・1973）
『法隆寺のなぞ』（主婦の友社・1977）
『法隆寺子院の研究』（同朋社・1981）
『法隆寺の秘話』（小学館・1985）
『四季法隆寺』共著（新潮社・1986）
『法隆寺日記をひらく』（日本放送出版協会・1986）
『法隆寺』（保育社・1987）
『追跡　法隆寺の秘宝』共著（徳間書店・1989）
『法隆寺の謎を解く』（小学館・1990）
『私の法隆寺案内』（日本放送出版協会・1990）
『法隆寺国宝散歩』共著（講談社・1991）
『再現法隆寺金堂壁画』共著（日本放送出版協会・1992）
『法隆寺の謎と秘話』（小学館・1993）
『法隆寺建立の謎』（春秋社・1993）
『法隆寺1400年』（新潮社・1994）
『法隆寺の四季と行事』（小学館・1995）
『世界文化遺産・法隆寺』（吉川弘文館・1996）
『法隆寺の謎』（小学館・1998）
『法隆寺教学の研究』（法隆寺・1998）
『日本人のこころの言葉・聖徳太子』（創元社・2012）
ほか多数。

2015年 3 月25日　初版発行　《検印省略》

法隆寺学《ほうりゅうじがく》のススメ
—知《し》られざる一四〇〇年《ねん》の軌跡《きせき》—

著　者　髙田良信
発行者　宮田哲男
発行所　株式会社 雄山閣
〒 102-0071　東京都千代田区富士見 2-6-9
ＴＥＬ　03-3262-3231 / ＦＡＸ　03-3262-6938
ＵＲＬ　http: //www.yuzankaku.co.jp
e-mail　info@yuzankaku.co.jp
振　替：00130-5-1685
印刷・製本　株式会社ティーケー出版印刷

ISBN978-4-639-02350-0 C0021
N.D.C.210　222p　19cm